INVITÉS AU BANQUET DU SEIGNEUR

LA COMMUNION DANS LA BIBLE ET DANS L'ÉGLISE CHRÉTIENNE

DR. CHRISTIAN A. EBERHART

TRADUIT PAR VÉRONIQUE A. EBERHART

LUCIDBOOKS

Invités au banquet du Seigneur: La communion dans la Bible et dans l'Église chrétienne

Copyright © 2018 par Christian A. Eberhart

Publié par Lucid Books à Houston (Texas)
www.LucidBooksPublishing.com

ISBN-10: 1-63296-210-1
ISBN-13: 978-1-63296-210-2
eISBN-10: 1-63296-211-X
eISBN-13: 978-1-63296-211-9

Ventes spéciales : La plupart des titres de Lucid Book bénéficient de remises spéciales sur quantité.

Des impressions personnalisées ou des publications d'extraits peuvent également être faits pour répondre à des besoins spéciaux. Contactez Lucid Book à Info@LucidBooksPublishing.com.

Pour Josiane
L'infirmière qui a recueilli, nourri et logé 5 étrangers
lors de la tempête de neige inattendue
qui a paralysé Marseille, en France,
les 7 et 8 janvier 2009.

Remerciements

L'idée de ce livre est née au cours des nombreux séminaires et conférences que j'ai donnés dans plusieurs églises et synodes sur des thèmes tels que « la communion », « la vie et la mort de Jésus », ou « expiation et sacrifice ». À ces occasions, il m'a souvent été exprimé le souhait que ces concepts complexes et leurs fondations bibliques soient expliqués d'une manière concise et accessible à tous. Ce livre est ma réponse à ces demandes. Je tiens à remercier ici ceux qui m'ont invité à ces événements et également les nombreux participants dont les questions ont nourri ma réflexion.

Mes remerciements vont également vers mes nombreux collègues dont les contributions et le savoir m'ont toujours inspiré et ont fait avancer ma recherche, particulièrement au cours des nombreux congrès de la *Society of Biblical Literature* (Société de Littérature Biblique, à Atlanta, USA). J'ai publié d'autres livres qui traitent de manière plus approfondie du « Dernier Repas » et de son enracinement dans l'Ancien Testament, et qui témoignent de l'échange constant et fructueux que j'entretiens avec la *Society of Biblical Literature*.[1]

Pour préparer ce livre, j'ai recueilli de nombreux témoignages. Je tiens à préciser que les personnes impliquées dans cette démarche sont des membres de différentes confessions chrétiennes, pratiquants réguliers ou non et sont quasiment tous des laïcs. Très peu de prêtres, pasteurs/es, séminaristes ou étudiants/es en théologie ne sont cités ici. Je n'ai malheureusement pas pu intégrer tous les témoignages, faute de place, mais ces extraits représentent la diversité, la créativité et l'originalité des opinions rencontrées. Ils montrent aussi que de nombreuses personnes se posent beaucoup de questions fondamentales sur la communion.

Je veux remercier du fond du cœur tous ceux qui se sont ainsi ouverts à moi. Puisque tous ces témoignages personnels sont très intéressants et apportent différents éclairages, je souhaiterais en présenter quelques-uns tout de suite. D'autres extraits apparaitront au cours du récit.

L'eucharistie est le signe visible du pardon des péchés promis par Jésus Christ.

Günther Dreger, 56 ans.

La communion, c'est goûter, voir et sentir « la foi », cela signifie que Dieu peut aussi être perçu par des canaux sensitifs autres que l'ouïe et la lecture.

Gudrun Behrens, 41 ans.

À cause de mon éducation et de mon expérience, la sainte cène évoque en moi quelque chose de triste, sombre.

Témoignage anonyme.

Les lecteurs et lectrices de ce livre feront également connaissance avec le poète Lothar Zenetti, prêtre catholique dont les poésies originales, concises et profondes viendront ponctuer et illustrer le propos de ce livre. Les poètes comme Lothar Zenetti sont devenus rares dans les églises, et je confesse ici d'autant plus volontiers mon admiration à ce parent éloigné. Je veux remercier ici tout particulièrement la « Christian Faith and Life Initiative » de Louisville Institute (Louisville, USA). C'est grâce à leur support financier que ce livre (ainsi que ses versions allemande et anglaise) a pu voir le jour. Je suis de plus extrêmement reconnaissant envers Mark et Becky Lanier, fondateurs de la *Lanier Theological Library* (Bibliothèque Théologique Lanier, à Houston, Texas), et envers son directeur, Charles Mickey. Leur généreuse invitation à être chercheur en résidence au sein de cette institution et leur hospitalité chaleureuse m'ont permis de mettre la touche finale à ce manuscrit. Les ressources de la bibliothèque m'ont permis d'enrichir ce livre dans le calme et la sérénité propices à la concentration. J'aimerais également exprimer ma gratitude au personnel de la *Lanier Theological Library* pour leur soutien amical et attentionné. Finalement, je remercie mon épouse Véronique Alice Eberhart pour la traduction française ; je tiens aussi à remercier Nathalie Arnichand, Nadine Guidoni et Géraud Bourély pour leurs relectures approfondies et inspirées.

Houston (USA), Pâques 2018
C.A.E.

Introduction

LA COMMUNION DANS LA BIBLE ET DANS L'ÉGLISE CHRÉTIENNE

Tous ceux qui participent d'une manière ou d'une autre à un service religieux chrétien, que ce soit à l'église, au temple ou dans d'autres lieux de culte, font l'expérience du partage du pain et du vin. Les personnes trop malades, ou trop âgées pour se déplacer peuvent recevoir le pain et le vin à domicile. Cela indique clairement que quelque chose d'important entoure cette pratique.

Selon les confessions chrétiennes, le rite associé au pain et au vin est appelé communion, sainte cène, eucharistie, dernier repas etc. Dans ce livre, par souci de clarté, nous utiliserons majoritairement le mot « communion » et des déclinaisons de l'adjectif « eucharistique ». Mais, pourquoi y a-t-il différentes désignations pour une même célébration ? Que signifient-elles ? Qu'est-ce que la communion exactement ? Est-ce un rituel ? Une célébration ? Un repas ? Autre chose ? Quelle en est l'origine, et que signifient tous ces gestes autour du pain et du vin ? Toutes ces questions nous dirigent vers la – ou plutôt les – significations de la communion. Pour chercher les réponses à ces questions, je vous propose d'aller directement étudier les textes bibliques qui se rapportent à la communion. Cela nous conduira à explorer comment la communion telle que nous la pratiquons aujourd'hui se rapporte à la Bible.

L'étude des textes bibliques nous conduira bien sûr à poser des questions plus précises, comme par exemple : Pourquoi Paul enjoint-il les chrétiens de Corinthe de ne pas communier de manière « indigne » ? Est-ce que cela nous concerne encore aujourd'hui ? Comment la communion est-elle liée à la mort ou au sacrifice de Jésus ? Qu'est-ce que le sang de l'alliance qui est mentionné pendant la communion ? Qu'est-ce que la Pâque juive (*Pessa'h* en hébreu) ? Pourquoi et comment les péchés peuvent-ils être pardonnés à travers le partage du pain et du vin ? Et plus généralement, comment cette pratique peut-elle encore affecter de manière pertinente les chrétiens d'aujourd'hui ?

Ce sont quelques-unes des questions que nous allons aborder dans ce livre car elles sont toutes liées à la communion. Désirez-vous en savoir plus pour enrichir votre propre expérience eucharistique ? Vous posez-vous des questions sur certaines pratiques qui entourent la communion ? Aimeriez-vous savoir comment se passait cette célébration à ses débuts ? Ou bien aimeriez-vous savoir comment d'autres églises chrétiennes comprennent et pratiquent la communion ? Bref, si vous êtes curieux et désireux d'en savoir plus sur cette célébration chrétienne commune à tous les chrétiens, alors je vous invite à poursuivre la lecture de ce livre.

Bien sûr, nous ne pouvons pas entrer dans tous les détails. Néanmoins, nous apporterons régulièrement des faits historiques précis qui permettront de mieux comprendre l'époque de Jésus, dans des encarts séparés titrés « Historique et Arrière Plan ». De plus, vous trouverez d'autres arguments et informations dans les notes en bas de page. Elles approfondissent certains détails, mais ne sont pas indispensables pour la compréhension générale du texte.

Mentionnons également que ce livre ne prétend pas répondre à toutes les questions sur la communion, pas plus qu'il ne peut prendre en considération toutes les opinions et discussions ou rendre compte de tous les avis et enseignements des différentes églises. Il se veut plutôt être une introduction destinée aux laïcs, et il s'intéresse avant tout aux textes bibliques qui sont à la base de nos pratiques eucharistiques.

Chapitre 1

DIVISION ET UNITÉ DE L'ÉGLISE CHRÉTIENNE

« Pourquoi les chrétiens ne célèbrent-ils pas tous ensemble ? Pourquoi toutes les églises, confessions et groupes chrétiens ne sont-ils pas unis ? » Ces deux questions me sont posées régulièrement et constituent un problème connu de tous. Selon certaines estimations, il y aurait environ 20 000 confessions chrétiennes et groupes religieux dans le monde. Un coup d'œil sur les autres religions peut nous assurer que nous ne sommes pas les seuls dans cette position : ni le judaïsme, le bouddhisme, l'hindouisme ou l'islam ne sont des mouvements unis ; toutes ces religions se composent également de centaines, peut-être même de milliers de sous-groupes différents à travers le monde. Le christianisme n'est donc pas particulièrement en plus mauvaise posture sur cette question que les autres religions.

Les points communs entre les différentes confessions et groupes chrétiens

Nous pourrions cependant répondre différemment à ces questions sur le manque d'unité parmi les dénominations chrétiennes. Ne pourrions-nous pas également dire : « Nous ne faisons qu'un. Nous sommes faits pour nous entendre. Nous célébrons tous l'office, la messe ou le culte sous des formes très semblables » ? Vu de cette manière, on peut alors questionner la question même du manque d'unité des confessions chrétiennes. Et d'abord, pourquoi disons-nous que l'Église chrétienne est divisée ? Cette lamentation est presque toujours basée sur le point de vue que de nombreux groupes de chrétiens ont des doctrines et des croyances différentes. Et bien sûr, ils se distinguent tous par un nom différent, comme par exemple « catholique romain », « luthérien », « réformé », « pentecôtiste », « orthodoxe », « catholique grec », « syriaque », « arménien », « copte », « baptiste », « méthodiste », « évangélique » etc. Cependant catholiques, protestants ou orthodoxes s'appellent tous chrétiens. Ils sont tous nommés d'après Jésus Christ, et cela unit toutes les différentes appellations. Bien sûr, les confessions de foi de ces groupes ont parfois des différences. Cependant les confessions de foi de tous ces groupes sont toutes basées sur la confession de foi des Apôtres ou la confession de foi de Nicée. Tous croient en un seul Dieu en trois personnes (la Trinité). De plus, ces confessions de foi sont régulièrement récitées dans toutes les églises chrétiennes. Là encore, nous retrouvons l'unité. De plus, malgré les apparences de division, tous les chrétiens vont à la messe ou au culte. Et quasiment tous les chrétiens célèbrent l'eucharistie. À ma connaissance, il n'y a que très peu de groupes chrétiens qui ne la célèbrent pas. Bien plus, pour beaucoup de gens la communion est au centre même de l'office religieux, voire au centre même de leur pratique religieuse ou de leur foi. Elle constitue un des sacrements de leur église, c'est-à-dire un rite sacré qui rend visible l'alliance entre Dieu et son peuple. L'histoire de l'art nous donne une bonne idée de l'importance de cette pratique dans la vie des chrétiens : « Le dernier repas de Jésus » ou « la Sainte Cène », avec ses plus de quatre mille interpréta-tions, est un des motifs les plus fréquemment représentés. Une très belle et imposante peinture de l'artiste chinois He Qi orne le lieu de culte que ma famille et moi-même fréquentons à Houston. Placé juste derrière l'autel, il dépeint Jésus en train de célébrer la communion avec ses disciples à Emmaüs. Ce choix artistique démontre l'importance de la célébration de la communion au sein de cette congrégation. C'est le tableau que j'ai sélectionné pour la couverture de ce livre.

Chaque confession propose à ses membres sa propre appellation de ce rite. Pour certains, c'est l'eucharistie, pour d'autres, c'est la communion, la sainte cène ou la messe. Comment s'appelle cette célébration dans votre église ? Connaissez-vous d'autres noms ?

La communion : pratique commune des chrétiens

Quasiment tous les chrétiens célèbrent la communion. C'est un fait significatif majeur que presque tous les chrétiens partagent le pain et le vin de manière similaire. Il y a bien sûr des différences : chez les uns on utilise du vrai pain coupé en petits morceaux à la main, chez les autres on utilise des hosties ou d'autres formes de pains individuels. Chez les uns on boit du vin, chez les autres vous aurez le choix entre le vin et du jus de fruit (raisin le plus souvent). Les uns boivent à la coupe commune, d'autres ont des mini coupes individuelles, d'autres encore trempent leur hostie ou leur pain dans la coupe, ailleurs seul le prêtre et quelques personnes reçoivent le vin (principalement dans l'Église catholique).

De plus, la communion n'est pas célébrée avec la même régularité par tous les chrétiens. Pour beaucoup, elle fait partie de l'office ou de la messe tous les dimanches. D'autres la célèbrent plus rarement, par exemple quatre fois par an. Les Témoins de Jéhovah ne la célèbrent en générale qu'une fois par an. Inversement, certains communient quotidiennement – la tradition monastique en est un exemple. La liste des différences peut se poursuivre encore longtemps. Il n'existe en effet aucune pratique unifiée de la célébration eucharistique. Cependant, au risque de me répéter, quasiment tous les chrétiens célèbrent d'une manière ou d'une autre ce repas liturgique qui se compose de pain et de vin. Imaginons pour un moment que nous ne jugions pas nos églises et confessions chrétiennes sur les différences entre pratiques eucharistiques, mais sur *la présence* d'une pratique eucharistique ! La réponse est claire : catholiques, protestants, pentecôtistes et orthodoxes sont tous d'accord ! Tous pratiquent le partage du pain et du vin. À cela l'on peut rajouter que la célébration de l'eucharistie relie également tous les chrétiens d'aujourd'hui avec les premiers chrétiens, et avec tous les chrétiens de l'histoire de l'Église, pour autant que ceux-ci l'aient célébrée. Cette observation peut être réconfortante pour certaines personnes.

Naturellement, cela nous amène tout de suite à la prochaine question : est-ce que nous comprenons tous la même chose quand nous rompons le pain et buvons le vin ? Nos églises et confessions ne se sont-elles pas longtemps battues entre elles pour savoir quelle interprétation était la bonne ? Et comme nous l'avons déjà remarqué, nous utilisons des noms variés et des coutumes différentes.

Ces différences existent dans les faits et ne doivent en aucun cas être niées. Nous regarderons de plus près quelque unes de ces différences (certainement pas toutes) un peu plus loin. Soulignons cependant dès à présent que, malgré toutes les différences de doctrine et de forme liturgique, cette célébration chrétienne *relie tous les chrétiens* pendant qu'ils mangent le pain et boivent le vin. C'est pour cela qu'il est important de réfléchir sur ce sujet : quelles en sont les origines ? Pourquoi célébrons-nous l'eucharistie ? Que signifie chacun des actes effectués ? Que signifie concrètement la consommation du pain et du vin ? Et que signifient vraiment les paroles que disent le prêtre, le pasteur ou la pasteure, ou encore le pope ? Ce sont ces questions centrales et fondamentales dont je souhaite vous entretenir dans ce livre.

Dans le cas où les idées et pratiques eucharistiques mentionnées vous sont familières, j'espère que ce livre vous permettra d'enrichir vos connaissances sur leurs origines, leurs significations, ou même sur leur dimension historique profonde. D'un autre côté, si vous rencontrez ici des réflexions et des pratiques eucharistiques qui ne vous sont pas familières, ou d'autres encore que vous ne partagez pas, je vous encourage à être ouvert et curieux : vous allez apprendre comment d'autres personnes célèbrent la communion aujourd'hui, ou comment elle était célébrée il y a longtemps, comme par exemple du temps des premiers chrétiens, et ainsi découvrir des choses nouvelles sur cette vieille célébration. Allons donc de ce pas découvrir ce repas au pouvoir étonnant dans notre monde éclaté. Je vous invite à répondre à l'invitation au banquet du Seigneur.

Chapitre 2

LA COMMUNION DANS LE NOUVEAU TESTAMENT

La plupart des chrétiens sont d'accord sur le fait que la communion est importante. C'est même un des événements centraux dans de nombreuses églises. Mais pourquoi les chrétiens célèbrent-ils la communion durant leur service religieux ?

La célébration de la communion a ses racines dans la Bible des chrétiens. Dans le Nouveau Testament, on peut lire que Jésus Christ célèbre un dernier repas avec ses disciples, avant d'être crucifié. D'après les textes de l'évangile, Jésus fait passer le pain et le vin à ses disciples pendant ce repas (Matthieu 26,26–29 ; Marc 14,22–25 ; Luc 22,15–20). Donc, quand les chrétiens célèbrent la communion, ils reprennent à leur compte un acte que Jésus lui-même a accompli une fois. De plus, dans une de ses lettres aux Corinthiens, Paul donne des conseils sur la manière dont la communion doit être célébrée (1 Corinthiens 11,23–25). À travers ces textes et à travers d'autres courtes remarques dans le Nouveau Testament, il apparaît évident que la communion est régulièrement célébrée par les premiers chrétiens. Grâce à des textes de la chrétienté plus tardifs, nous pouvons reconstituer comment cette pratique s'est progressivement développée. Qu'en est-il donc des textes du Nouveau Testament ? Comment sont représentées les pratiques des premiers chrétiens ? Sont-elles uniformes ou présentent-elles déjà des différences ?

Comme nous souhaitons redonner toute leur place aux textes bibliques, et prendre le temps de les comprendre de manière approfondie et détaillée, nous étudierons tous les textes pertinents les uns après les autres ; nous les observerons et tenterons de les interpréter avec précision. À mon avis, pour vraiment respecter un texte, nous devons le lire avec soin et le questionner en profondeur. Ce procédé peut procurer de nombreux aperçus et générer de nombreuses questions auxquelles nous répondrons en temps voulu. Commençons par étudier quelques textes dans l'évangile de Marc.

L'institution de l'eucharistie dans l'évangile de Marc

La majorité des spécialistes de la Bible – les exégètes – pensent aujourd'hui que l'évangile de Marc est le plus ancien des quatre évangiles. Il apparait autour des années 70 apr. J.-C. Toutefois, cet évangile se compose lui-même vraisemblablement de récits écrits sur plusieurs décennies. Nous retiendrons seulement ici qu'il est certainement antérieur aux évangiles de Matthieu et de Luc.

L'évangile de Marc rapporte les actions de Jésus, sa mort et le tombeau vide.[2] Parmi les dernières actions de Jésus, avant la crucifixion, il y a la demande faite à ses disciples de préparer un repas (Marc 14,12–16). Cela devait être un repas pascal, puisque la passion de Jésus se passe en même temps que la fête de la Pâque et la fête des pains non levés. Qu'en est-il de ces fêtes en elles-mêmes ? Cette question est capitale pour notre sujet, et nous en traiterons plus tard de manière détaillée. Nous voulons ici simplement mentionner que la Pâque était une fête juive populaire durant laquelle on mangeait et on buvait bien. Nous lisons donc dans l'évangile de Marc que c'est à la fin d'un repas pascal avec ses disciples que Jésus fait ce qui suit :

« Et comme ils mangeaient, il prit du pain et le rompit après l'avoir béni, et leur donna et dit : Prenez ; ceci est mon corps. Et il prit une coupe et la leur donna après avoir dit l'action de grâce, et ils y burent tous. Et il leur dit : ceci est mon sang de l'alliance, qui est versé pour beaucoup. En vérité, je vous le dis, je ne boirai plus du fruit de la vigne jusqu'au jour, où j'en boirai de nouveau au royaume de Dieu » (Marc 14,22–25).[3]

Ce texte est certainement déjà connu de ceux qui participent à des offices religieux où la communion est célébrée. Vous vous êtes peut-être également aperçu qu'il dévie ici ou là du texte que récite le prêtre ou le pasteur. C'est parce que divers récits du Nouveau Testament ont été utilisés et résumés en une seule formule pour les offices religieux de nos églises, mais cette formule n'est en fait identique à aucun des textes du Nouveau Testament. Ces textes comportent des divergences que j'aimerais exposer dans leurs grandes lignes.

Dans le texte de l'institution de l'eucharistie en Marc 14, Jésus donne à ses disciples le pain rompu et une coupe, accompagnés des mots que Jésus prononce sur ces éléments.

Ces paroles interprètent les actions en cours et c'est en premier lieu grâce à elles que les disciples, et tous ceux qui ont célébré la communion après eux, en sont venus à l'idée que le pain et le vin pouvaient signifier quelque chose de spécial, qu'il s'agissait là d'autre chose que de simplement manger et boire. Après tout, la Pâque juive, où la parole rattachait l'action de manger au souvenir d'un événement salutaire, proposait déjà une symbolique similaire. Jésus donne sa propre signification : « Prenez ; ceci est mon corps », dit-il en partageant le pain. C'est très court. Et pour le vin, il dit : « Ceci est mon sang de l'alliance, qui est versé pour beaucoup ».

On pourrait être tenté de prendre ces paroles pour acquis tant elles nous sont familières. Mais, est-ce que ces quelques mots de Jésus sont vraiment clairs ? Que veut-il vraiment dire quand, en partageant le pain, il annonce que celui-ci est censé être sa propre chair et son propre sang ? Rappelons-nous que cette scène se passe alors que Jésus est encore présent, en chair et en os auprès de ses disciples.

Comment est-ce que Jésus peut dire que du vin qui est dans une coupe est son « sang » ? Dans les débuts du judaïsme, la notion que le vin représente ou remplace le sang est déjà courante. Le jus de raisin s'appelait aussi « sang de raisin » (Genèse 49,11 ; Deutéronome 32,14).[4] De plus, on connaissait l'expression « boire le sang comme du vin » (Zacharie 9,15). Le vin et le sang, tous les deux rouges et liquides, ont des similarités physiques manifestes. Quand Jésus dit que le vin représente le sang, il se sert d'une image familière, que ses disciples comprennent immédiatement.

Il est également intéressant de souligner le moment exact où Jésus prononce les paroles de l'institution sur la coupe. Dans le texte de Marc, nous lisons simplement : « Et il (Jésus) prit une coupe et la leur donna... et ils en burent tous. Et il leur dit : Ceci est mon sang de l'alliance... » (Marc 14,23–24). D'après cette séquence, nous voyons clairement que Jésus prononce les paroles de l'institution sur la coupe après l'avoir donnée aux disciples, et après qu'ils y ont bu. Jésus ne donne donc pas l'interprétation de la coupe de vin *avant* mais bien *après* l'avoir partagée entre tous.

De plus, Jésus ne précise pas ce que le fait de manger le pain doit « accomplir ». Il dit simplement : « Ceci est mon corps ». Et que doit-on comprendre quand Jésus déclare à propos de la coupe pleine de vin : « Ceci est mon sang de l'alliance » ? Qui d'entre nous est encore familier avec ce langage ? Jésus ajoute : ce sang doit « être versé pour beaucoup ». Est-ce que cette déclaration se rapporte à la rémission des péchés ? Et si cela est le cas, pourquoi est-il expressément mentionné que *tous* ont bu à la coupe (Marc 14,23), mais que le sang n'est versé que pour *beaucoup* (14,24) ? Que veut dire cette différenciation entre « tous » et « beaucoup » ? Ce n'est pas clair.

J'expliquerai plus tard, de manière détaillée, ce que Jésus veut dire avec ses paroles sur le pain et le vin.[5] Mais disons dès à présent qu'en utilisant des expressions telles que « le sang de l'alliance », Jésus fait référence à des notions précises, qui sont familières aux disciples et aux gens de son époque. Aujourd'hui, près de 2000 ans plus tard, elles ne le sont plus pour nous. Nous devons donc en premier lieu tenter de mieux connaître le monde de Jésus, et les pratiques religieuses juives auxquelles ces notions font référence. Nous pourrons alors mieux comprendre les paroles qu'il prononce sur le pain et le vin.

Jésus ajoute encore quelques mots qui font allusion au destin qui l'attend : « En vérité, je vous le dis, je ne boirai plus du fruit de la vigne jusqu'au jour, où j'en boirai de nouveau au royaume de Dieu » (Marc 14,25). Ces paroles indiquent qu'il sait manifestement qu'il prend son dernier repas et qu'il va à la rencontre de sa mort. L'atmosphère est donc empreinte de tristesse ; mais pas uniquement – l'espoir est aussi palpable. Après tout, Jésus conclut sa déclaration sur la perspective du royaume de Dieu. Cela implique l'espoir évident que tout ne va pas finir avec cette mort prévisible. Au lieu de cela, Jésus s'attend à une vie après la mort, en présence de Dieu, qu'il décrit par les mots « royaume de Dieu ».

Finalement, il y a aussi de la tension dans l'air. En effet, immédiatement avant le repas pascal, Jésus a annoncé qu'un de ceux qui mangeaient avec lui allait bientôt le trahir (Marc 14,18). *Qui* donc est ce traître ? *Comment* va t-il trahir ? Est-ce que Jésus peut encore se sauver ? Toutes ces questions sont posées pendant que Jésus célèbre la cène avec ses disciples. Le traître est Judas, un des douze disciples. Le danger ne vient donc pas uniquement des ennemis qui souhaitent la mort de Jésus (Marc 3,1 ; 14,1–2). Le danger vient aussi du cercle proche de ceux qui l'entourent et qui le suivent chaque jour. Il s'agit d'un danger « de l'intérieur ». Par conséquent, Jésus se trouve dans une situation différente de celle à laquelle les Juifs font référence en célébrant la fête de la Pâque. En effet, celle-ci commémore le salut hors d'Égypte, où le danger venait des Égyptiens, à savoir « de l'extérieur », et non pas « de l'intérieur ». Le dernier repas n'est donc pas simplement une fête pascale, mais c'est quelque chose de nouveau.

Un autre point important à observer est que Jésus et ses disciples mangent *avant* que le rituel autour du pain et du vin ne se déroule. « Et tandis qu'ils étaient inclinés à table et *qu'ils mangeaient*, Jésus parla… », et annonce qu'un des disciples va le trahir (Marc 14,18). De même, la première phrase du texte de l'institution dit : « Et *comme ils mangeaient,* il (Jésus) prit du pain… » (14,22). Nous voyons donc que la première célébration eucharistique a lieu à la fin d'un long et copieux repas. Le menu n'est du reste pas mentionné dans le texte. Il est fort probable qu'ils aient partagé un rôti d'agneau, puisque les disciples ont auparavant demandé où est-ce qu'ils devaient préparer l'agneau pascal (Marc 14,12).

Une autre particularité intéressante du repas de Jésus, est

qu'il ne le célèbre pas dans le temple de Jérusalem, ni dans un lieu religieux habituel. C'est au contraire dans une salle quelconque et dans une maison quelconque (Marc 14,13–14) que la fête a lieu ; dans un environnement tout à fait banal. En cela, nous reconnaissons bien Jésus. Il n'est jamais décrit dans la Bible comme un partisan de l'un ou de l'autre des groupes juifs de l'époque. Il partage avec les pharisiens la même opinion sur la résurrection des morts, mais il n'est pas lui-même un pharisien. Il s'est retiré une fois dans le désert (Matthieu 4,1–2 ; Marc 1,12–13), mais il n'y vit pas en permanence, comme la communauté juive de Qumrân. Il exhorte l'homme qu'il vient de guérir d'une maladie de peau d'aller apporter au temple les sacrifices prescrits par la loi (Marc 1,40–45), mais il n'est pas prêtre.

C'est aussi bien la manière de Jésus de choisir comme disciples des hommes qui ne sont pas reconnus comme des experts religieux. Les évangiles racontent que ce sont des pêcheurs de la mer de Galilée (Marc 1,16–20) et des publicains, également appelés « collecteurs d'impôts » (Marc 2,13–17). Jésus est critiqué pour cela par les représentants religieux officiels, à savoir les scribes et les pharisiens. Certains de ceux qui le suivent sont considérés comme des pécheurs (Matthieu 9,11–13 ; Marc 2,16–17 ; Luc 5,30).[6] Jésus et ses disciples se comportent donc de manière bizarre, loin des représentants et des lieux de la religion officielle de leur époque. De plus, la courte institution de l'eucharistie elle-même est typique de Jésus : ce n'est pas une célébration au rituel long et élaboré, et d'après ce que nous pouvons lire dans le Nouveau Testament, elle ne correspond vraiment à aucun des usages de son temps.

Conclusion : D'après le plus vieux des évangiles, Jésus a célébré un repas pascal somme toute opulent avec ses disciples, la veille de sa mort. Dans le contexte de cette fête, probablement vers la fin, il utilise du pain et du vin pour instituer un repas court et ritualisé que les chrétiens en sont venus à appeler « la communion ». Jésus prononce les paroles de l'institution qui suggèrent que le partage du pain et du vin a une signification particulière. Tout d'abord, les paroles de l'institution laissent entendre que le pain et le vin représentent la chair et le sang de Jésus. Puis Jésus interprète le « sang » comme étant le « sang de l'alliance ». Il est intéressant de noter que cette interprétation n'est donnée qu'après que les disciples ont bu à la coupe. Finalement, la célébration de la communion est empreinte de tension et de tristesse, de par l'imminence de la passion et de la mort de Jésus. Néanmoins, Jésus exprime également l'espoir d'être dans le royaume de Dieu après sa mort.

L'institution de l'eucharistie dans l'évangile de Matthieu

L'évangile de Matthieu est le premier des livres du Nouveau Testament. Il a probablement été écrit dans les années 85–90 apr. J.-C., environ 15 à 20 ans après l'évangile de Marc. Une grosse partie des informations qu'on y retrouve sur Jésus se croise avec celles qu'on trouve chez Marc. De nombreux exégètes en déduisent qu'une grosse partie de l'évangile de Matthieu proviendrait plus ou moins directement de l'évangile de Marc. Ce contenu initial serait combiné avec des paroles de Jésus qui sont transmises à travers une autre source. Ainsi, l'évangile de Matthieu nous donne une image un peu plus précise de Jésus que l'évangile de Marc.

L'institution de l'eucharistie est également rapportée dans l'évangile de Matthieu. En voici le texte :

« Tandis qu'ils mangeaient, Jésus prit du pain et le rompit, après qu'il le bénit, et dit : prenez, mangez ; ceci est mon corps. Et il prit une coupe et la leur donna, après avoir rendu grâce, et dit : Buvez-y tous, car ceci est mon sang de l'alliance, qui est versé pour beaucoup pour le pardon des péchés. Je vous le dis : À partir de maintenant, je ne boirai plus de ce fruit de la vigne jusqu'au jour où j'en boirai de nouveau avec vous dans le royaume de mon Père » (Matthieu 26,26–29).

Vous remarquez certainement que ce passage ressemble à celui de l'évangile de Marc, que nous venons d'étudier. Néanmoins, les deux textes ne sont pas identiques. Quelles différences remarquez-vous ? Que diriez-vous de souligner ou surligner les différences entre ces deux récits ?

Les différences les plus significatives entre les deux textes suivent un schéma bien précis. Tout d'abord, après « prenez », Matthieu ajoute une deuxième exhortation « mangez » (Matthieu 26,26). Deuxièmement, dans l'évangile de Matthieu, Jésus dit « buvez-y tous » (Matthieu 26,27) pendant qu'il offre la coupe aux disciples. Dans l'évangile de Marc, ces mots sont de nature narrative : « … et ils y burent tous » (Marc 14,23). Les contenus des deux phrases sont donc comparables. Cependant, chez Marc, il n'y a pas l'ordre de boire, alors qu'il y est chez Matthieu par analogie avec l'exhortation précédente « mangez » (Matthieu 26,26). Troisièmement, chez Matthieu les mots « buvez-y tous » sont reliés aux paroles de l'institution en référence à la coupe. L'ordre de boire et l'explication se produisent en même temps. Ainsi les mots de l'institution ne sont plus chronologiquement situés après le passage de la coupe, comme cela est le cas chez Marc (voir p. 15). Au contraire, l'interprétation est ici faite *avant* ou *en même temps* que les disciples boivent à la coupe.

Quatrièmement, après les mots « ceci est mon sang de l'alliance, qui est versé pour beaucoup », l'évangéliste Matthieu ajoute « pour le pardon des péchés » (Matthieu 26,28). Ainsi, en indiquant comment agit la communion, il clarifie et enlève toute ambigüité à l'évangile de Marc. Néanmoins, nous avons remarqué que d'après Marc 14,23 tous burent à la coupe, alors que d'après Marc 14,24, Jésus dit que son sang est versé pour beaucoup. La même observation s'applique ici à Matthieu 26,27–28. Le « pardon des péchés » n'est-il pas pour tous les disciples ? Est-il possible que Judas Iscariote, un des douze disciples, soit exclu du pardon parce qu'il va trahir Jésus plus tard (Marc 14,44–46 ; Matthieu 26,48–50) ? Cela n'est en rien l'intention de Marc ou de Matthieu. Le choix de mots est probablement relié à une déclaration préalable que Jésus fait à propos de lui-même. D'après Matthieu 20,28 (également Marc 10,45), il dit que « le fils de l'homme n'est pas venu pour être servi, mais pour servir et pour donner sa vie en rançon pour beaucoup ». Il est probable que Jésus fait référence à cette déclaration essentielle concernant sa mission. De plus, le mot grec pour « beaucoup » veut en réalité dire « énormément », ce qui n'est pas très différent de « tous ». Ces mots, donc, ne diminuent pas l'efficacité du pardon des péchés accordé lors du dernier repas de Jésus.

Enfin, Matthieu ajoute quelques mots qui résument la tristesse de Jésus face à sa mort prochaine et son assurance d'entrer bientôt dans le royaume de Dieu. Jésus dit ici en effet qu'il attend le jour où il boira du vin « avec vous », à savoir avec ses disciples, dans le royaume de son Père (Matthieu 26,29). Alors que chez Marc c'est plutôt la séparation prochaine d'avec les disciples qui est soulignée, nous avons ici au premier plan la confiance de Jésus d'être à nouveau uni avec eux dans l'au-delà, et de célébrer ensemble.

Ces différences font donc clairement apparaître la tendance suivante : Matthieu complète le texte de l'évangile de Marc (on peut ajouter qu'il insère le mot « Jésus » en Matthieu 26,26). Il renforce également le caractère exhortatoire en insérant les deux commandes « mangez » et « buvez ».

Conclusion : L'évangile de Matthieu reprend en grande partie à son compte le récit de Marc. De modestes modifications, telle l'invitation à manger le pain et à boire le vin servent à clarifier certaines actions. De plus, Matthieu déclare explicitement que boire à la coupe apporte « le pardon des péchés ». Finalement, l'invitation à boire à la coupe de vin est désormais connectée à la parole de l'institution appropriée. En terme de séquence chronologique, cela veut dire que cette dernière a pu se passer avant ou en même temps que l'action de boire.

L'institution de l'eucharistie dans l'évangile de Luc

L'évangile de Luc a vraisemblablement été écrit en même temps que l'évangile de Matthieu, vers 85–90 apr. J.-C. Contrairement à l'évangile de Matthieu, pour lequel nous devons faire des suppositions sur l'utilisation d'une source extérieure, plus succincte, l'évangile de Luc indique expressément d'où proviennent ses informations (voir p. 22).

Dans l'évangile de Luc, le récit de l'institution de l'eucharistie fait également partie du récit de la passion de Jésus. Lisez avec attention le texte qui suit. Si vous avez bien en mémoire les descriptions correspondantes dans Marc et Matthieu, ou bien la célébration eucharistique dans votre propre église, vous allez être surpris.

> « Et il (Jésus) leur dit (aux disciples) : j'ai désiré ardemment manger cette Pâque avec vous, avant de souffrir. Car je vous le dis, jamais plus je ne la mangerai, jusqu'à ce qu'elle s'accomplisse dans le royaume de Dieu. Et ayant pris une coupe et rendu grâce, il dit : Prenez ceci et partagez-là entre vous ; car je vous le dis : je ne boirai plus désormais du fruit de la vigne, jusqu'à ce que vienne le royaume de Dieu. Et après avoir pris du pain et rendu grâce, il le rompit et le leur donna en disant :

HISTORIQUE ET ARRIÈRE PLAN :

Les sources de l'évangile de Luc

L'auteur de l'évangile de Luc admet dès le début, de manière honnête et sobre, qu'il existe d'autres textes sur le même sujet, et qu'il les a utilisés. Il n'a manifestement aucun problème à nommer ses sources. Au contraire, il sait que son propre récit y gagne en crédibilité. Voici les premiers versets :

> « Beaucoup ont entrepris de faire le récit des évènements qui se sont passés parmi nous, comme nous l'ont transmis ceux qui depuis le début ont vu d'eux même et ont été serviteurs de la parole. Ainsi, j'ai pensé qu'il était bon, après que je me suis informé avec soin de tout depuis le début, que je l'écrive pour toi en bon ordre, très cher Théophile, pour que tu connaisses la solidité des enseignements que tu as reçus » (Luc 1,1–4).

Luc admet également, en toute simplicité, qu'il n'a pas lui-même connu Jésus. C'est pour cela qu'il a questionné des témoins oculaires qui ont eux-mêmes rencontré Jésus ou qui lui étaient proches. De plus, il a fait des recherches zélées qui l'ont conduit, tout comme Matthieu, à lire l'évangile de Marc, et tout comme Matthieu, il utilise de larges extraits de l'évangile de Marc qu'il combine avec d'autres informations pour raconter sa propre histoire de Jésus.

ceci est mon corps qui est donné pour vous ; faites ceci en mémoire de moi. Et il fit de même avec la coupe après le repas, en disant : Cette coupe est la nouvelle alliance dans mon sang qui est versé pour vous » (Luc 22,15–20).

À la place du schéma habituel pain – coupe, Luc utilise la séquence coupe – pain – coupe. La coupe apparaît donc deux fois dans le récit, et les informations qui chez Marc et Matthieu sont relatives à une seule coupe sont chez Luc partagées entre les deux coupes : Au premier passage de la coupe, nous avons l'action de grâce, l'exhortation « prenez », le partage et la remarque que ceci est le dernier repas. Les paroles de la consécration elles-mêmes ne sont prononcées qu'avec « la coupe après le repas » (Luc 22,20), et chronologiquement elles pourraient avoir été prononcées avant ou pendant l'action de boire. De plus, elles se différencient des paroles de consécration sur la coupe de Marc et Matthieu par la mention, pour la première fois, de la *nouvelle* alliance.

La séquence coupe – pain – coupe peut s'expliquer par le fait que la notion de la fête de la Pâque est plus fortement soulignée dans l'évangile de Luc que dans les autres évangiles. Dès le début du repas, Jésus dit clairement qu'il désire manger « la Pâque », par quoi il voulait dire « l'agneau pascal », avec ses disciples (Luc 22,15). De plus, durant la pâque juive, la tradition veut que de nombreuses coupes de vin circulent entre les convives. Enfin, le rajout de la remarque « faites ceci en mémoire de moi » (22,19) pendant le partage du pain, s'explique quand on sait que la commémoration, ou le souvenir de l'événement salutaire, est essentielle à la pâque juive.

Cette séquence originale distingue ce récit eucharistique des récits des autres évangiles, mais ce n'est pas la seule. Commençons avec le pain : Vous souvenez-vous qu'en Marc 14,22 il n'y avait aucune mention de ce que le pain devait « accomplir » ? Il est seulement dit « ceci est mon corps », comme en Matthieu 26,26. La phrase rajoutée « … qui est donné pour vous » apparaît pour la première fois en Luc 22,19. Elle est analogue aux paroles rajoutées sur la coupe au verset 20 qui disent : « qui est versé pour vous ». Nous voyons d'ailleurs qu'il y a une autre différence avec les autres évangiles, puisqu'en Marc 14,24, l'expression correspondante stipule : « … qui est versé pour *beaucoup* » (et en Matthieu 26,28 : « qui est versé pour *beaucoup* pour le pardon des péchés »). En utilisant les mots « pour vous », Luc a choisi une formulation plus facile à comprendre. En effet, il est clair que ces mots font référence aux disciples avec lesquels Jésus célèbre son dernier repas.

Cependant, l'évangile de Luc relate une deuxième occurrence de ce même rite. Immédiatement après le récit par les femmes de la résurrection miraculeuse de Jésus, rejetée par les hommes (Luc 24,1–12), nous pouvons lire le récit de deux disciples en route pour le village d'Emmaüs (Luc 24,13–35). Ils parlent des évènements qui viennent de se passer. À ce moment Jésus les rejoint, mais ils ne le reconnaissent pas. Les deux hommes lui racontent les incidents, incluant le témoignage des femmes que Jésus a apparemment été vu vivant. Jésus les appelle « hommes sans intelligence » (Luc 24,25) parce « leur cœur est lent à croire ce qu'ont dit les prophètes ». Les deux disciples ne reconnaissent toujours pas Jésus, mais ils l'invitent à partager le souper avec eux. Luc continue : « Pendant qu'il était à table avec eux, il prit le pain ; et, après avoir rendu grâce, il le rompit, et le leur donna. Alors leurs yeux s'ouvrirent, et ils le reconnurent » (Luc 24,30–31).

Il est remarquable que l'évangile de Luc représente une deuxième scène du dernier repas, où la véritable identité de Jésus est révélée par la manière dont il partage le pain. Cela irait tout à fait avec ce que Luc a écrit plus tôt. Durant la « première » scène du dernier repas, Jésus dit : « Ceci est mon corps qui est donné pour vous ; faites ceci en mémoire de moi » (Luc 22,19). Ainsi, les deux disciples auraient fait exactement cela et l'auraient reconnu à la fraction du pain. Je montrerai plus tard que cet évènement est hautement symbolique de toute la mission de Jésus. Quoi qu'il en soit, les disciples quittent Emmaüs et retournent à Jérusalem pour proclamer que Jésus est ressuscité. De plus, notons que les deux coupes de vin qui sont typiques du « premier » récit du dernier repas de Luc ne sont pas mentionnées du tout. Cela est également probablement dû à ce que Jésus avait dit plus tôt, à savoir qu'il ne boirait plus désormais du fruit de la vigne, jusqu'à ce que vienne le royaume de Dieu (Luc 22,18).

Conclusion : La version de la communion dans l'évangile de Luc se distingue par la séquence inhabituelle coupe – pain – coupe. Cela semble faire référence à la fête de la Pâque juive, avec notamment la présence du mot-clef « mémoire » pour la première fois dans ce contexte, et encore uniquement reliée au partage du pain. De plus, certaines phrases au sein des paroles de l'institution ont été ajustées pour clarifier le récit.

Luc est le seul à relater l'épisode des deux disciples sur la route d'Emmaüs. Ils sont rejoints par Jésus ressuscité qui célèbre le « deuxième » dernier repas avec eux. Les disciples ne reconnaissent Jésus qu'au rituel du partage du pain, qui émerge en tant qu'événement caractéristique de portée hautement symbolique pour l'ensemble de la mission de Jésus.

L'institution de l'eucharistie dans la première lettre de Paul aux Corinthiens

Dans l'ordre canonique des écrits du Nouveau Testament, nous trouvons les premières informations concernant la communion dans l'évangile de Matthieu (Matthieu 26,26–29), et ensuite dans l'évangile de Marc (Marc 14,22–25). Nous avons vu que l'évangile de Marc, composé autour des années

HISTORIQUE ET ARRIÈRE PLAN :

La communauté des premiers chrétiens de Corinthe

Corinthe se trouve en Grèce, sur l'isthme entre l'Attique et le Péloponnèse. La ville avait un port sur chacun des côtés de cet isthme (Cenchrées et Léchaion). Cela donnait une grosse importance économique à Corinthe qui devint la capitale de la province de l'Achaïe à partir de 27 av. J.-C. Comme beaucoup de villes portuaires, Corinthe était également connue pour son immoralité.

Paul y a fondé la première communauté chrétienne en 50/51 et y a vécu 18 mois (Actes 18,1–11). La ville de Corinthe regroupait des immigrants venus de différents pays du monde méditerranéen, autant que de différentes couches sociales. Cette situation provoqua toutefois rapidement des disputes à l'intérieur de la communauté et conduisit plus tard à une crise entre les Corinthiens et Paul. Ce sont ces problèmes que l'apôtre tenta de régler dans ses lettres aux Corinthiens.

70, est le plus ancien des deux. Matthieu et Luc écrivent quant à eux autour de l'année 85. Cependant, si nous avions voulu commencer par les informations les plus anciennes du Nouveau Testament, nous aurions dû commencer par lire des passages des lettres de Paul à la communauté de Corinthe.

Dès l'année 50, l'apôtre Paul écrit une première lettre à la communauté de Thessalonique (dans l'actuelle Thessalonique, en Grèce). C'est vraisemblablement le plus vieux texte du Nouveau Testament. Suivent plusieurs lettres à différentes communautés, dont la première lettre aux Corinthiens, écrite à Éphèse vers 54–56.

Paul écrit cette lettre en réponse à des informations

inquiétantes en provenance de Corinthe. « En effet, il m'a été signalé à votre sujet, chers frères et sœurs, par les gens de Chloé, qu'il y a des disputes parmi vous » (1 Corinthiens 1,11). Paul veut aider ses vieux amis. Il a d'ailleurs déjà écrit une lettre auparavant, qu'il mentionne en passant (1 Corinthiens 5,9). La « première » lettre aux Corinthiens que nous trouvons dans le Nouveau Testament est donc en fait la deuxième, bien que la première ne nous soit pas parvenue.

Quels sont donc les problèmes dont parle Paul ? Mentionnons tout d'abord le contexte social historique, qui nous aidera à mieux saisir la situation. Dans l'antiquité, les gens de condition sociale élevée n'étaient pas contraints à un travail exigeant. Leur tâche principale était avant tout de diriger les autres. Les esclaves, journaliers et autres travailleurs de statut inférieur devaient par contre faire de longues journées de travail.

Partant de là, il est possible de reconstituer quelques détails de ce qui se passait durant les rassemblements de la communauté. D'après les informations trouvées dans le récit de Marc, nous savons que l'institution de l'eucharistie a eu lieu après un repas festif que Jésus et ses disciples ont partagé (voir plus haut, p. 16). Paul indique également que, conformément à l'exemple original, la communion a lieu à la fin d'un long et copieux repas. On y mange ce qu'amènent les participants et les participantes qui peuvent appartenir à des classes sociales très différentes. Paul parle de ces conditions de manière explicite dans sa lettre aux Corinthiens, et mentionne particulièrement les problèmes que cela engendre : « en effet, dès que vous êtes à table, chacun prend son propre repas, de sorte que l'un a faim alors que l'autre est soûl » (1 Corinthiens 11,21). Lors des rencontres de la communauté chrétienne, les membres aisés de la classe sociale supérieure peuvent probablement arriver tôt au rendez-vous. Ils peuvent également apporter beaucoup plus de nourriture et se nourrir à volonté. Les esclaves et les journaliers de leur côté ne peuvent quitter leur travail que beaucoup plus tard. Comme ils sont plus pauvres, ils n'apportent que peu ou pas de nourriture. Quand ils arrivent enfin à la rencontre, il ne reste souvent pas grand-chose à manger, et doivent donc rester sur leur faim. Est-ce suffisant, malgré tout, qu'ils puissent tous participer à la communion qui a lieu après le repas ? Devant cette situation, Paul rappelle le dernier repas que Jésus a célébré avec ses disciples.

« Car j'ai reçu du Seigneur ce que je vous ai transmis, que le Seigneur Jésus, la nuit où il fut livré, prit du pain et le rompit, après avoir dit la bénédiction, et dit : ceci est mon corps, qui est pour vous ; faites ceci en mémoire de moi. De même aussi la coupe après le repas, en disant : Cette coupe est la nouvelle alliance dans mon sang ; chaque fois que vous en boirez, faites ceci en mémoire de moi. Car chaque fois que vous mangez de ce pain et buvez à cette coupe vous annoncez la mort du Seigneur jusqu'à ce qu'il vienne » (1 Corinthiens 11,23–26).

Allons à travers ce passage phrase par phrase. Paul déclare au début qu'il a reçu les informations mentionnées « du Seigneur ». Par cela, il veut certainement dire que la pratique de la communion dans l'Église chrétienne se rapporte directement à Jésus. C'est ce que Paul lui-même en a appris. Est-ce que ces connaissances lui ont été transmises sous forme d'informations orales ? A-t-il fait l'expérience d'une célébration eucharistique ? Ou bien est-ce une combinaison des deux ?

Paul continue ainsi : « la nuit où il fut livré… ». Paul ne parle pas de la communion dans le cadre d'un récit continu sur Jésus, comme le font les évangélistes. Il se réfère à la communion et à Jésus dans le but de répondre à des problèmes spécifiques aux chrétiens de Corinthe. Nous remarquons néanmoins que le dernier repas est ici relié à la Passion, tout comme dans les évangiles, et que Paul mentionne la nuit de la trahison. Puis il parle du rite familier, avec le pain et la coupe, ainsi que les mots de l'institution. Il ne mentionne cependant pas le fait que Jésus célébrait la fête pascale.

Après ce passage en 1 Corinthiens 11,23–26, Paul ne change pas de sujet. Il tient au contraire des propos qui démontrent que la thématique de la communion est puissante. Selon Paul, celui qui mange le pain et boit la coupe de manière « indigne » « se rend coupable du corps et du sang du Seigneur » (11,27). Et comme si cela n'était pas suffisant, il conclut en disant que chacun doit s'examiner soi-même. Qui « ne respecte pas le corps du Seigneur » mange et boit « à son propre jugement » (11,29). Avec ces propos catégoriques, Paul a terrorisé beaucoup de chrétiens au fil des siècles ! Qu'est-ce que cela signifie « respecter » ou « ne pas respecter » le corps du Seigneur ? Pourquoi ce manque de respect est-il aussi grave ? Est-ce parce que ce pain *est* le corps de Jésus ?

Non seulement nous trouvons la réponse dans la suite du texte, mais elle est en fait déjà donnée avant le passage sur la communion. En effet, dans sa lettre aux Corinthiens, Paul utilise de manière répétée l'image du corps. Il peut ainsi dire : « Le pain que nous rompons, n'est-ce pas la communion du corps du Christ ? Comme il y a un seul pain, nous, qui sommes nombreux, sommes un seul corps, car nous prenons tous part à ce même pain » (1 Corinthiens 10,16–17). Et en conclusion de ce passage, Paul ajoute : « Or vous êtes le corps du Christ, dont chacun d'entre vous est un membre » (12,27).

Pour Paul, il est très important de présenter le pain et la coupe comme la présence ou plus précisément la compagnie de Jésus parmi nous. Il est cependant encore plus important pour lui que les membres de la communauté de Corinthe de son temps soient solidaires et prennent l'initiative d'être unis entre eux. C'est ce que Paul veut faire ressortir en parlant du corps du Christ. Il a aussi beaucoup à dire sur la communion, et particulièrement en ce qui concerne « la nouvelle alliance ». Nous examinerons cette phrase de plus près un peu plus tard.[7] Pour l'instant, mentionnons simplement que le mot clef « alliance » indique que les gens entrent dans une entente commune, ils deviennent alliés, connectés. Par conséquent, rendre grâce pour cette unité est une action centrale dans la communion. Le pain, en tant que corps du Christ, est donné « pour vous » (1 Corinthiens 11,24). Le pronom « vous » indique le pluriel, et non le singulier ; il désigne un groupe de personnes. Ainsi, la communion n'est pas en soi destinée à des *individus*. Personne ne doit en conclure, cependant, que la communion ne peut pas de nos jours être distribuée aux personnes âgées ou malades à domicile. Parler du corps de Jésus qui est donné « pour vous » veut dire que la communion est dans son essence destinée à ceux qui se sont regroupés en communauté – physiquement ou en pensée – pour la recevoir. Et cela signifie que la communion, jadis comme aujourd'hui, n'est pas tant axée sur le salut individuel que sur le salut collectif. C'est la raison réelle pour laquelle Paul rappelle la signification de la communion dans sa réponse aux Corinthiens, au moment où ils font face à des divisions au sein de leur communauté. Ceux qui partagent la communion appartiennent désormais au même groupe ! Cette célébration très spéciale doit aider les Corinthiens à surmonter leurs problèmes internes.

En revanche, les comportements qui mettent en danger l'unité du corps de Jésus doivent êtres bannis, et, par-dessus tout, la manière dont les Corinthiens se comportent durant le repas. Paul prend à ce sujet une position très claire : « Ainsi, chers frères et sœurs, quand vous vous réunissez pour manger, attendez-vous les uns les autres. Si quelqu'un a faim, qu'il mange chez lui, afin que, quand vous vous réunissez, ce ne soit pas pour votre jugement » (1 Corinthiens 11,33–34).

Cette déclaration se rapporte donc au fait qu'à cette époque la communion fait encore partie d'un long repas, où la nourriture est abondante. L'expression visible de l'unité et du souci de l'autre se trouve dans le fait même que tous peuvent manger ensemble à satiété et à la même table – du moins en théorie. Le « jugement » (ou bien la « condamnation ») et l'accusation de manger de manière « indigne » sont le résultat des comportements qui mettent en danger la communauté, et donc le corps de Jésus. On peut ainsi dire que tous les comportements qui maintiennent et même accentuent les différences sociales et autres constituent le fait de manger de manière indigne.

Paul évoque donc la communion dans le but d'aider la communauté de Corinthe à surmonter ses divisions internes. Le thème central de cette lettre, à savoir la communion avec le Christ et l'union de tous en Christ, est établi au tout début du texte (1 Corinthiens 1,9). La mention des divisions internes (1,10) vient tout de suite après. La communion entre les fidèles est donc dépendante de la communion avec Dieu.

Finalement, j'aimerais faire quelques autres observations concernant ce texte. Tout d'abord nous pouvons noter que l'apôtre ne parle pas du fait de manger le pain et de boire le vin. Alors que, selon les évangiles, les mots de l'institution relatifs à la coupe sont prononcés parfois après le partage (Marc 14,23-24), parfois avant ou pendant (chez Matthieu et Luc), de tels détails n'apparaissent pas dans la lettre de Paul, tout simplement parce que l'acte de consommer la communion n'est pas mentionné.

Deuxièmement, après chacun des mots de l'institution sur le pain et sur la coupe, Paul fait la même remarque : « Faites ceci en mémoire de moi » (1 Corinthiens 11,24-25). Il souligne ainsi de manière appuyée que tous ceux qui mangent le pain et boivent à la coupe, doivent penser à Jésus et à l'histoire de sa vie. C'était un point important à souligner car Paul n'insère pas le récit du dernier repas dans le contexte d'une narration de la vie de Jésus. Au lieu de cela, le récit intervient inopinément, au milieu de conseils sur les problèmes de la communauté de Corinthe. Pour Paul, il est important que les participants à la communion se remémorent l'histoire de Jésus. Sans Jésus, il n'y a pas de communion! Nous reviendrons sur cette idée en détail plus tard.[8]

Et troisièmement, Paul modifie la phrase dans laquelle Jésus relie la communion avec sa mort tout en exprimant son espoir d'être par la suite dans le « royaume de Dieu ». Alors que dans les trois évangiles, uniquement le fait de boire le vin est relié à cette idée, il est dit ici : « Car chaque fois que vous mangez de ce pain et buvez à cette coupe vous annoncez la mort du Seigneur jusqu'à ce qu'il vienne » (1 Corinthiens 11,26). Toutefois, il annonce la mort imminente ainsi que la vie dans l'au-delà. Cette dernière n'est cependant pas mentionnée dans la perspective du royaume de Dieu, mais dans l'affirmation du retour de Jésus.

Conclusion : Le texte le plus ancien sur la communion nous vient de Paul. En 1 Corinthiens 11,23–26, il relate la communion dans le but d'aider la communauté de Corinthe à surmonter ses divisions internes. La pratique de la communion doit ramener ses membres à l'unité parce qu'ils sont le corps du Christ (salut corporatif). D'autre part, ceux qui, durant les rencontres communautaires, excluent ou discriminent les gens les plus socialement désavantagés mangent de manière indigne et « pour leur jugement ». De plus, dans cette première lettre aux Corinthiens, la mémoire de la personne et de l'histoire de Jésus est particulièrement soulignée. Elle est reliée aussi bien aux paroles d'institution sur le pain que sur la coupe. Enfin, contrairement aux évangiles, Paul dit que ces deux actions liturgiques annoncent la mort et la seconde venue de Jésus.

Vue d'ensemble 1 :
Textes centraux sur l'eucharistie dans le Nouveau Testament

Maintenant que nous avons comparé les 4 textes du Nouveau Testament qui décrivent l'institution de l'eucharistie (Matthieu 26,26–29 ; Marc 14,22–25 ; Luc 22,15–20 ; 1 Corinthiens 11,23–26), mettons-les sous forme de tableau, en ordre chronologique :

1 Corinthiens 11,23–26 (54–56 apr. J.-C.)	Marc 14,22–25 (env. 70 apr. J.-C.)	Matthieu 26,26–29 (env. 85 apr. J.-C.)	Luc 22,15–20 (env. 85 apr. J.-C.)
			La Pâque : « Car je vous le dis, jamais plus je ne la mangerai, jusqu'à ce qu'elle s'accomplisse dans le royaume de Dieu ». *1ère Coupe :* « Je ne boirai plus désormais du fruit de la vigne, jusqu'à ce que vienne le royaume de Dieu ».

Invités au banquet du Seigneur

1 Corinthiens 11,23–26 (54–56 apr. J.-C.)	Marc 14,22–25 (env. 70 apr. J.-C.)	Matthieu 26,26–29 (env. 85 apr. J.-C.)	Luc 22,15–20 (env. 85 apr. J.-C.)
Pain : Le Seigneur Jésus … prit le pain … « ceci est mon corps, qui est pour vous ».	*Pain :* « Prenez ; ceci est mon corps ».	*Pain :* « Prenez, mangez ; ceci est mon corps ».	*Pain :* Et il prit le pain « ceci est mon corps qui est donné pour vous ».
« faites ceci en mémoire de moi ».	———	———	« faites ceci en mémoire de moi ».
Coupe : « Cette coupe est la nouvelle alliance dans mon sang ».	*Coupe :* … et ils y burent tous. « Ceci est mon sang de l'alliance, qui est versé pour beaucoup ».	*Coupe :* « buvez-y tous, car ceci est mon sang de l'alliance, qui est versé pour beaucoup pour le pardon des péchés ».	*2ème Coupe :* « Cette coupe est la nouvelle alliance dans mon sang qui est versé pour vous ».

1 Corinthiens 11,23–26 (54–56 apr. J.-C.)	Marc 14,22–25 (env. 70 apr. J.-C.)	Matthieu 26,26–29 (env. 85 apr. J.-C.)	Luc 22,15–20 (env. 85 apr. J.-C.)
« chaque fois que vous en boirez, faites ceci en mémoire de moi ».	———	———	———
« Car chaque fois que vous mangez de ce pain et buvez à cette coupe vous annoncez la mort du Seigneur jusqu'à ce qu'il vienne ».	« En vérité, je vous le dis, je ne boirai plus du fruit de la vigne jusqu'au jour, où j'en boirai de nouveau au royaume de Dieu ».	« Je vous le dis : À partir de maintenant, je ne boirai plus de ce fruit de la vigne jusqu'au jour où j'en boirai de nouveau avec vous dans le royaume de mon père ».	*(placé en premier ; voir ci-dessus)*

Ces textes sont à la base des mots de l'institution utilisés aujourd'hui dans nos églises. Vu que ceux-ci divergent, nos diverses liturgies eucharistiques ne coïncident jamais totalement avec aucun d'entre eux. On peut considérer qu'elles sont des synthèses, ou des résumés des textes bibliques.

L'institution de l'eucharistie dans l'évangile de Jean

En plus des quatre passages que nous venons d'étudier, il y a dans le Nouveau Testament un autre texte qui traite de la communion, mais d'une manière différente. L'évangile de Jean (env. 90–95 apr. J.-C.) raconte bien l'histoire de Jésus, incluant la passion et la crucifixion, mais il ne mentionne aucun dernier repas. À la place, voici ce qu'on lit dans Jean 6,1–15 : « Peu avant la fête de la Pâque, Jésus et ses disciples allèrent sur une montagne, et de nombreuses personnes – environ cinq mille hommes – les suivirent. Il n'y avait pas assez à manger ; seul un enfant avait cinq pains d'orge et deux poissons. Jésus prit les pains et pendant qu'il disait l'action de grâce, il les distribua à ceux qui étaient là ». Mentionnons que le mot grec qui signifie « dire l'action de grâce » est *eucharizein,* qui a donné le mot « eucharistie ». Dans ce récit, tous ont mangé à satiété, et il est resté en plus douze paniers de pain.

Le même soir, Jésus marche sur le lac de manière miraculeuse (Jean 6,16–21). Le lendemain matin, les gens suivent Jésus à nouveau. Jésus leur dit : « Vous ne me cherchez pas parce que vous avez vu des signes, mais parce que vous avez mangé du pain à votre faim » (6,26). Puis il tient un long discours dans lequel il parle de lui-même comme étant le pain de vie (6,35.48). Il continue ainsi :

> « Je suis le pain vivant descendu du ciel. Qui mange de ce pain vivra pour toujours. Le pain que je donnerai, c'est ma chair ; je la donne pour la vie du monde. Là-dessus, les Juifs discutent vivement entre eux : Comment celui-ci peut-il nous donner sa chair à manger ? Jésus leur dit : En vérité, en vérité je vous le dis : si vous ne mangez pas la chair du Fils de l'homme et si vous ne buvez pas son sang, vous n'avez pas la vie en vous. Celui qui mâche ma chair et boit mon sang a la vie éternelle et je le ressusciterai au dernier jour » (Jean 6,51–54).

Il est difficile de ne pas comprendre ces mots comme un commentaire sur la communion. Jean ne raconte pas comment s'est déroulé le dernier repas de Jésus – Marc, Matthieu et Luc l'ont déjà fait avant lui – mais il indique comment manger la « chair » et boire le « sang » de Jésus doivent être compris. Il n'en reste pas moins que la compréhension du texte comporte des problèmes manifestes. Jésus se présente comme « le pain de vie » et le « pain vivant ». Et il dit que ceux qui en mangent vivront pour toujours. Comment est-ce qu'un homme vivant peut-il être mangé ? La réponse que Jésus donne alors ne nous éclaire pas beaucoup plus : comment est-il possible de manger et de boire la chair et le sang de quelqu'un qui est là, en personne, devant soi ?

Pour comprendre ce que ces mots signifient, nous devons revenir quelques chapitres en arrière. Il y a par exemple l'épisode de « la purification du temple », qui dans l'évangile de Jean se trouve au début de son ministère (Jean 2,13–25). Jésus y parle de la destruction du temple de Jérusalem, devant lequel il se tient, et dont il dit qu'il le rebâtira en trois jours (2,19). Comme ces propos prêtent à confusion, Jean donne à ses lecteurs l'explication suivante : « Mais le temple dont parlait Jésus, c'était son corps » (2,21). Jésus parle donc de manière *symbolique*, ou *allégorique*. Quand il utilise le mot « temple » il signifie son corps. Ainsi, la destruction et la reconstruction du temple se réfèrent à sa propre mort et résurrection à venir. Ceux qui prennent ses propos de manière littérale et pensent que le mot temple se réfère au vrai temple, ne le comprennent pas.

Une scène comparable est racontée immédiatement après, au début du chapitre 3. Nicodème, un pharisien et un des chefs juifs, rend visite à Jésus et lui pose des questions : Jésus lui répond : « En vérité, en vérité, je te le déclare : personne ne peut voir le royaume de Dieu s'il ne naît pas de nouveau ». Nicodème lui demande : « Comment un homme peut-il naître de nouveau après avoir vieilli ? Peut-il retourner dans le ventre de sa mère et naître une seconde fois ? » (Jean 3,3–4). Là encore, Jésus veut exprimer autre chose en utilisant le symbole de la naissance. Mais Nicodème ne le comprend pas, parce qu'il prend littéralement ce que Jésus exprime métaphoriquement : bien sûr, un adulte ne peut pas naître une deuxième fois. Jésus parle en fait du commencement d'une nouvelle existence spirituelle (3,8) qui débute dans le baptême (3,5).

Et comme si cela n'était pas suffisant, le chapitre suivant nous décrit encore une scène comparable. (Cette technique n'est pas sans rappeler les méthodes publicitaires modernes où une publicité est répétée jusqu'à ce que le « message » ait été compris). Cette fois, alors que Jésus voyage à travers la Samarie, il rencontre une femme près d'un puits. Il lui dit qu'il peut lui donner de l'eau vive (Jean 4,10). Là encore, ses propos ne sont pas compris et la femme lui répond, non sans une certaine dérision, qu'il n'a même pas de seau (4,11). Ses paroles ne doivent, bien sûr, pas être comprises littéralement. L'eau vive n'est pas une eau matérielle. Elle est dans ce cas présent une métaphore pour la bonne nouvelle porteuse de vie, annoncée par Jésus.

Dès le début de l'évangile de Jean, nous avons donc trois scènes qui rapportent toutes des propos énigmatiques : d'abord Jésus parle de son corps comme du temple ; ensuite il dit que les gens doivent renaitre et enfin, il annonce qu'il a de l'eau vive. Par trois fois, le sens de ces propos a échappé à ceux qui ont voulu les interpréter littéralement, et par trois fois, au contraire, il s'est éclairci quand ils ont été interprétés métaphoriquement. Comme nous l'avons déjà noté, il est utile de tenir compte de ces trois scènes au moment où nous tentons de comprendre les paroles de Jésus sur le pain de vie, en Jean 6. Rappelons-nous qu'une interprétation littérale nous a déjà conduits à l'incompréhension : Une personne ne peut bien sûr pas donner sa chair à manger comme du pain. Encore une fois, « mâcher » (traduction littérale) la chair et boire le sang de Jésus ne peuvent se comprendre que métaphoriquement. Manger la chair du Christ est donc une métaphore qui sert à exprimer l'importance de l'étude et de la méditation, jusqu'à la « rumination », de la vie et de la mission de Jésus. C'est ce que fait l'Église chrétienne, dimanche après dimanche, pendant le sermon, quand l'histoire de Jésus est racontée et réinterprétée dans le concret de la vie des chrétiens. De cette manière, les gens apprennent à croire en Jésus. Ce lien entre être rassasié et croire est expressément noté en Jean 6,35 : « Jésus leur dit : Je suis le pain de vie, celui qui vient à moi n'aura jamais faim, et celui qui croit en moi n'aura jamais soif ». Jésus est ainsi réellement le pain qui nourrit les affamés. Dans un autre discours, Jésus fait également le lien entre la foi et l'accueil de sa parole. Ainsi, celui qui a une telle foi possède la vie éternelle (Jean 5,24). Finalement, notons que Jésus, dans l'évangile de Jean, est présenté dès le début comme étant la parole incarnée, ou le verbe fait chair (en grec : *logos*, 1,1–14).

Quand la parole de Jésus est à la base de la croyance et de la vie, et quand lui-même devient cette parole, alors Jésus est « nourriture » ou « pain » pour les chrétiens. Dans l'Église et en théologie, nous utilisons pour cela le terme « symbole réel ». En Jean 6, le miracle de la multiplication des pains fait le lien avec l'ensemble de la mission de Jésus. Les autres miracles de multiplication (dans Jean et dans les évangiles synoptiques) sont également reliés à la communion.

Nous avons déjà remarqué que l'évangile de Jean raconte l'histoire de Jésus, mais omet le récit de ce qui deviendra « la communion », à savoir les mots de l'institution, le partage du pain et la distribution de la coupe. Ceci est d'autant plus marquant que cet évangile donne le récit détaillé du repas d'adieu que Jésus célèbre avec ces disciples, dans l'attente de sa mort imminente (Jean 13,1–20). À cette occasion, Jésus lave les pieds de ses disciples. La volonté de servir et l'humilité qui ressortent fortement de ce récit concordent d'une certaine manière avec l'allégorie du pain : Jésus est au service des hommes, et ce faisant, il leur donne non seulement de la force, de l'espoir et de la dignité, mais il les introduit aussi à une nouvelle communauté humaine. En lui, Dieu lui-même s'est fait proche de ce monde et de l'humanité. En lui, la grâce et l'amour de Dieu ont été rendus visibles pour le monde entier. Le monde doit prendre cette attitude d'humilité en exemple : « car je vous ai donné l'exemple, afin que, vous aussi, vous fassiez comme moi j'ai fait pour vous » (Jean 13,15). C'est là-dessus que se fonde le salut de l'humanité. C'est pour cela qu'il est tellement important d'étudier cette histoire si particulière du salut ; et c'est pour que les chrétiens participent à ce salut que les évangiles sont encore lus aujourd'hui pendant les services religieux.

Conclusion : La plupart des propos de Jésus ne doivent pas être pris au sens littéral. Ils doivent être compris métaphoriquement ou allégoriquement. Il en va de même pour sa revendication d'être le pain de vie en Jean 6. Quand Jésus appelle ceux qui l'écoutent à « mastiquer » sa chair et à boire son sang, cela doit être compris au sens figuré : les gens doivent encore et toujours écouter les paroles et le message de Jésus. Ils doivent toujours se remémorer Jésus, et « ruminer » la parole de celui qui est lui-même devenu homme et qui a vécu sur cette terre, pour le bien de tous. Dans sa vie et dans sa mort, le salut de Dieu est rendu particulièrement visible. Il en est de même pour le miracle de la multiplication des pains, au cours duquel Jésus rassasie une grande foule avec peu de nourriture. Il est aussi frappant de constater que l'évangile de Jean est le seul à ne pas mentionner l'instauration de la communion. À la place, il illustre, à l'aide du lavement des pieds, l'amour désintéressé et le sens du service de Jésus, qui sont donnés en exemple pour tous.

Résumé : L'institution de l'eucharistie dans le Nouveau Testament

La célébration de la communion chez les chrétiens remonte au dernier repas que Jésus a partagé avec ses disciples. Jusqu'à maintenant, nous avons étudié les textes les plus importants du Nouveau Testament sur cet évènement, et nous les avons comparés les uns avec les autres (Matthieu 26,26–29 ; Marc 14,22–25 ; Luc 22,15–20 ; 1 Corinthiens 11,23–25 ; Jean 6,22–59 ; 13,1–20). Les informations de base sont : lors de son dernier repas, Jésus a distribué du pain et du vin à ses disciples. Il dit aussi la bénédiction et prononce les mots connus comme étant les « paroles de l'institution ». D'après ces paroles, le pain représente le corps de Jésus qui est « (donné) pour vous », et le vin représente le « sang de l'alliance » de Jésus, qui est « versé pour beaucoup ».

De plus, Jésus laisse entendre qu'il prend son dernier repas et qu'il attend sa mort prochaine. Cependant, il conclut cette déclaration dans la perspective de la vie après la mort. Par conséquent, l'atmosphère de ce dernier repas est à la fois empreinte de tristesse et d'espoir.

Les textes les plus anciens sur le dernier repas de Jésus se trouvent dans la première lettre aux Corinthiens et dans l'évangile de Marc. En revanche, les textes dans les évangiles de Matthieu et de Luc sont élargis (Matthieu ajoute le caractère exhortatoire et le pardon des péchés par le sang de l'alliance ; Luc souligne le lien avec la fête pascale et décrit l'ordre de passage inhabituel coupe – pain – coupe). Il n'y a que dans le texte de Marc que les paroles de l'institution sont prononcées après avoir bu à la coupe, et où ce geste est interprété à postériori.

Les textes du Nouveau Testament qui racontent le dernier repas de Jésus diffèrent donc les uns des autres. Néanmoins, dans leur essence, ils vont tous dans le même sens. Dans les évangiles de Marc, Matthieu et Luc, la communion est le dernier repas que Jésus prend avec ses disciples. Il a le caractère d'un héritage symbolique de ce que Jésus a fait pour les hommes et les femmes durant sa vie. Cela devient clair quand Paul explique ce qu'est la communion dans 1 Corinthiens 11,23–26 dans le but de résoudre les conflits internes à la communauté. La célébration eucharistique est le lieu qui doit unir les membres de la communauté. Elle rend ainsi visible les aspects fondamentaux de la mission de Jésus sur terre.

Chapitre 3

LES SIGNIFICATIONS DE LA COMMUNION

Je trouve la théorie traditionnelle de la mort expiatoire répugnante. Elle est liée pour moi à une image sadique de Dieu. La doctrine de l'expiation m'a longtemps tenue éloignée d'une foi libératrice.

Eike-Christian Meyer (27 ans)

Jésus est mort pour moi, et dans le pain et le vin il a sacrifié son corps pour moi. Par son sang, il me purifie de mes péchés.

Témoignage anonyme

Dans ce chapitre, nous discuterons en profondeur différents aspects de la communion qui ont émergé à la lecture des textes fondamentaux du Nouveau Testament. Nous nous demanderons ce que signifient la fraction du pain et le sang de la nouvelle alliance. Nous nous demanderons également si la communion est un repas pascal et dans quelle mesure la mort de Jésus peut être interprétée comme une expiation ou comme un sacrifice.

Un repas – plusieurs appellations

Quelle est la signification de la communion ? Ou plutôt : quelles en sont *les* significations ? En effet, elle véhicule depuis toujours plusieurs significations. Dans ce sens, elle est comme Noël : Pour la plupart des gens, Noël est une occasion festive d'échanger des cadeaux, dont on peut dire qu'ils sont l'expression de l'amitié, de liens familiaux ou sociaux. Toujours est-il que les chrétiens trouvent souvent que cet aspect est trop superficiel et commercial – après tout, Noël est la fête de l'incarnation divine. De plus, les circonstances de cette naissance montrent, de manière très spéciale, que Dieu a choisi les faibles et les rejetés de ce monde. Noël a donc différentes significations selon les gens.

Il en est de même pour la communion. Ces différentes significations se manifestent en premier lieu à travers les différentes désignations qui ont toujours cohabité dans l'Église chrétienne. Ensuite, nous devons considérer le fait que le contenu d'une célébration quelle qu'elle soit, revêt toujours des significations différentes selon les participants. En particulier pour les célébrations les plus fréquentes, les fidèles ont tendance à suivre des règles générales qui leur sont familières, mais dont bien souvent le sens profond ou l'origine leur échappent.

Quels sont de nos jours les termes les plus courants pour

exprimer le partage du pain et du vin ? Pensez-y un moment : quelles expressions vous sont les plus familières ? Quelles sont celles qui sont utilisées dans votre église ? Il est en effet possible d'utiliser plusieurs appellations, au sein d'une même confession chrétienne. Voici quelques-unes des expressions les plus courantes :

La (Sainte) cène : Cette appellation est principalement utilisée dans les églises protestantes. Elle vient du latin *cena*, qui signifie « repas du soir » et fait référence à l'heure du repas. En effet, d'après Marc 14,17, Jésus partage ce repas avec ses disciples « le soir » (voir aussi Matthieu 26,20). C'est également l'expression de choix en histoire de l'art, pour nommer les œuvres ayant pour thème le dernier repas de Jésus.

La (Sainte) communion : Cette expression est commune parmi les catholiques romains et les orthodoxes. Les catholiques célèbrent aussi la « première communion », qui est une cérémonie durant laquelle les jeunes chrétiens reçoivent la communion pour la première fois (chez les protestants et les orthodoxes, la communion est donnée à tous les baptisés). Le terme « communion » dérive du mot latin « *communio* », qui signifie « communauté », ou « partage ». Il se réfère potentiellement à 1 Corinthiens 10,16 : « La coupe de bénédiction que nous bénissons, n'est-elle pas la communion au sang du Christ ? Le pain que nous rompons, n'est-il pas la communion au corps du Christ ? » Il fait probablement également allusion au partage caractéristique du pain parmi les membres de la communauté. C'est cette relation directe entre « communion » et « communauté » qui nous a décidés à utiliser cette appellation tout au long de ce livre, quand, par souci de clarté, nous avons dû faire un choix entre les termes.

L'eucharistie : Cette appellation est plus particulièrement utilisée dans l'Église catholique romaine. Le mot « eucharistie » provient du mot grec « *eucharistia* » qui signifie « *action de grâce* ». Il se rapporte concrètement à la bénédiction que Jésus a prononcée lors de son dernier repas. Nous avons vu, lors du survol des textes du Nouveau Testament, qu'il existe des écarts mineurs concernant la place exacte où Jésus a prononcé ces paroles : d'après Marc 14,23 et Matthieu 26,27, c'est sur la coupe ; d'après 1 Corinthiens 11,24, c'est sur le pain ; et d'après Luc 22,17 et 19, c'est d'abord sur la coupe (pour un total de deux coupes), puis sur le pain (voir vue d'ensemble 1, p. 33). Dans la « Doctrine du Seigneur transmise aux nations par les douze apôtres » (La *Didachè*), le mot grec « *eucharistia* » est le terme officiel pour communion, ou cène (*Didachè* 9,1.5). Ce texte a probablement été écrit vers 100–180 apr. J.-C. Il a pendant longtemps joui du statut d'écrit canonique, ce qui en faisait un texte à part entière du Nouveau Testament. Il est clair, donc, que le terme « *eucharistia* » était déjà commun au deuxième siècle. Pour cette raison, dans ce livre nous utilisons également l'adjectif « eucharistique » qui, lorsqu'il accompagne le mot « célébration », « liturgie » ou autre, indique de manière relativement consensuelle cette célébration qui unit tous les chrétiens.

La fraction du pain : Cette appellation est principalement utilisée dans les Actes des Apôtres (2,42.46 ; 20,7). Il est intéressant de remarquer qu'elle se réfère au pain, mais pas au vin. Cependant, comme il n'y a, dans le Nouveau Testament, aucune référence isolée au vin, et que, de plus, la communion était toujours célébrée sous les deux espèces dans l'église primitive, nous pouvons

en déduire qu'il s'agit là d'une simple abréviation. Néanmoins, de nos jours certaines églises non-dénomina-
tionnelles favorisent ce terme.

La (Sainte) messe : Ce terme est presque uniquement
utilisé dans l'Église catholique romaine. Il vient du latin
« *missa* » qui signifie « envoi » ou « mission ». Il peut
aussi bien signifier la partie consacrée à la célébration
eucharistique, que la totalité du service religieux. Cette
appellation met en évidence le fait que l'eucharistie
représente l'apogée de l'office chrétien.[9]

Le repas du Seigneur : Cette appellation vient du grec
« *kyriakon deipnon* » (repas du seigneur) que l'on trouve
en 1 Corinthiens 11,20. Elle fait référence au fait que
Jésus, qui est le Seigneur (grec « *kyrios* »), donne la bénédiction (1 Corinthiens 11,23 et suivant). Selon la tradition juive, il est donc celui qui invite au repas. Dans la
mesure où Jésus est le fils du Dieu trinitaire (Père, Fils et
Saint Esprit), les disciples, et par extension tous les chrétiens à venir, se considèrent les invités de Dieu, le « Seigneur ». Il est à noter que cette appellation est plus largement utilisée dans sa version anglaise *(Lord's Supper)* ou
allemande *(Herrenmahl)* que dans sa version française.

Agapes : Ce terme apparaît dans Jude 12. Le mot grec est
« *agapai* », qui est le pluriel d'« *agape* », et qui signifie
« amour ». Cette désignation exprime de manière
unique que le plus haut idéal chrétien est au centre
de la célébration eucharistique : c'est l'amour, qui s'est
manifesté dans la vie et la mort de Jésus. Il est à noter
que ce terme, qui n'est quasiment pas utilisé dans les
églises chrétiennes traditionnelles, est utilisé en franc-
maçonnerie, pour signifier le repas pris en commun
après le rassemblement.

Le *banquet pascal* : Selon le *Catéchisme de l'*Église catholique, c'est un autre terme que l'on pourrait employer pour la communion. Il fait référence au fait que le dernier repas de Jésus a eu lieu lors de la fête de la Pâque (Marc 14,12–16 et concordances).

Synaxis : Ce mot grec signifie « union ». Il correspond donc plus ou moins au terme déjà mentionné de « communion ». « *Synaxis* » est utilisé principalement dans les églises orthodoxes ; il est pour cela quasi méconnu dans les églises chrétiennes occidentales.

La Liturgie Divine : Dans un sens plus restreint ou vieilli, cette expression désigne la célébration eucharistique, particulièrement dans les églises orthodoxes et catholiques orientales. On parle alors de *liturgie eucharistique*.

Comme nous l'avons dit en introduction, toutes les églises chrétiennes célèbrent un office dont le point culminant est le rite autour du pain et du vin. Cependant, elles utilisent au moins dix termes pour l'exprimer. Trois de ses expressions, à savoir le « repas du Seigneur », la « fraction du pain » et les « agapes » sont utilisées dans le Nouveau Testament pour nommer cette célébration. D'autres termes, comme « eucharistie », « communion », « banquet (ou repas) pascal », et indirectement « synaxis », *découlent des écrits du Nouveau Testament, mais ils n'y sont pas utilisés pour* désigner directement cette célébration. Nous pouvons ainsi voir qu'il n'y a pas d'appellation uniforme, ou spécifique, dans le Nouveau Testament. Partant de là, l'*Église chrétienne* dans ses presque deux mille ans de développement, n'a jamais pu définir de terminologie uniforme. Néanmoins, le plus important a été accompli : perpétuer cette célébration – et laisser l'*Église s*'en imprégner.

Après le survol de tous ces termes, vous vous demandez peut-être pourquoi l'Église utilise encore des expressions qui proviennent du grec, du latin ou d'autres langues étrangères. Cela ne rend-il pas l'office religieux inutilement compliqué ? C'est bien possible. Cependant, le fait que les termes représentant les concepts centraux de l'Église sont toujours utilisés dans la langue qui les a vus naître prend en compte leurs connotations culturelles initiales. Ces expressions originelles montrent également que l'Église conserve avec soin sa longue tradition.

Avant d'introduire d'autres exemples de terme ecclésiastique de même veine, j'aimerais faire remarquer que nous utilisons couramment des mots qui sont originaires de langues anciennes ou étrangères. Le mot « *auto* », par exemple, veut dire « soi-même » en grec. En rajoutant une variation du mot latin « *movere* » qui veut dire bouger, nous avons le mot « automobile », qui veut dire littéralement « qui bouge par elle-même ». Il en va de même pour tous les termes techniques et autres découvertes modernes, auxquels des noms d'origine étrangère, très souvent grecque ou latine, sont donnés. Un tel penchant pour la tradition se retrouve également dans les proverbes. Par exemple, qui parle encore de nos jours de « deniers » et de « louis » ? Et pourtant, serait-il pensable de changer le dicton « économisez les deniers, les louis auront soin d'eux même » en « économisez les cents, les euros auront soin d'eux-mêmes » ? Non, bien sûr ; la tradition l'emporte le plus souvent. C'est ainsi que des mots du passé survivent à travers des expressions formelles ou des proverbes, alors qu'ils ne sont plus jamais utilisés en d'autres circonstances.

Conclusion : Le rituel du pain et du vin a diverses appellations selon les confessions chrétiennes. Cela montre que, bien que central, ce rituel est interprété de différentes manières.

HISTORIQUE ET ARRIÈRE PLAN :

Expressions traditionnelles dans l'église

Ceux qui prennent part à un office sont parfois étonnés pas certaines expressions – ou ne comprennent tout simplement pas certains mots. Pourquoi les églises utilisent-elles des mots comme « *Amen* » ou « *Alléluia* » ? Et, au fait, que veux dire « *Kyrie eleison* » ? Est-ce que ces mots étranges auraient un effet magique ?

La réponse à ses questions se trouve dans la longue et riche histoire de l'Église chrétienne. Tous ces mots sont utilisés depuis très longtemps, dans les rassemblements religieux. C'est donc un signe de reconnaissance de ce long passé qu'ils n'aient tout simplement pas disparu. De plus, ces mots sont issus d'autres langues : « *Kyrie eleison* » est grec, et signifie « Seigneur, prends pitié » ; « *Christe eleison* » signifie « Christ, prends pitié » – dans la liturgie, la traduction suit parfois immédiatement le texte original. Le mot « *Amen* » est hébreu, et signifie « vraiment », « certainement » ou « ainsi soit-il », et « *Alléluia* » veut dire « louez Dieu » (et se rapproche d'ailleurs de l'arabe « *Alhamdulillah* »). On peut ainsi aisément percevoir que l'histoire du christianisme n'a pas commencé en France, mais bien dans un autre contexte culturel et linguistique. Parmi les « langues de l'Église » se trouvent également l'araméen (« *hosannah* », qui veut dire « s'il te plait, sauve-nous ») et différents mots latins. Ces mots n'ont rien de magique. Ils sont l'écho d'un long passé, riche en histoire, qui est parvenu jusqu'à nous.

Certaines de ses expressions se trouvent déjà dans le Nouveau Testament. L'*Église* d'aujourd'hui utilise encore des termes anciens ou traditionnels, par respect pour sa longue histoire.

La communion – un repas ritualisé

Même si des expressions nombreuses et variées se trouvent dans le Nouveau Testament et sont utilisées dans les églises, il y a tout de même une chose qui demeure simple et inchangée : Jésus a instauré un rituel avec du pain et du vin, les éléments fondamentaux du repas eucharistique, des aliments qui constituent à l'époque la base de la nourriture quotidienne. De plus, il est expressément mentionné dans le Nouveau Testament que Jésus a distribué le pain et le vin à ses disciples en leur demandant de les consommer. Jésus a donc introduit un repas ritualisé avec les aliments de base les plus simples. Là-dessus, il ajoute quelques mots qui laissent entrevoir un sens plus profond à cet évènement. Les disputes postérieures sur la signification de la communion sont presque toujours liées à ces mots, et il n'y a quasiment jamais de controverse aux gestes simples de partager le pain et le vin.

Cela vaut la peine de s'arrêter quelques minutes sur l'idée que la célébration eucharistique est à la base un repas ritualisé, et que donc tous les chrétiens participent à un repas ritualisé, que ce soit une fois par jour, une fois par semaine ou quatre fois par an. Après tout, tout le monde peut, d'une manière ou d'une autre, faire des rapprochements avec un repas, parce que cela fait appel à l'un de nos besoins les plus élémentaires. Depuis notre première minute sur terre, les êtres humains – ainsi que les animaux– doivent boire et manger. Et cela ne s'arrêtera qu'à la fin de notre vie.

Parce qu'il s'agit d'une expérience intrinsèquement élémentaire et universelle, le partage d'un repas est avant tout le point de départ idéal pour une interprétation symbolique plus approfondie. De plus, le repas reste fondamentalement ouvert à toutes sortes d'interprétations. Chaque personne peut avoir une approche différente du repas. Pour certains, c'est un moment agréable parce qu'il y a de bonnes choses à manger ; pour ceux qui souffrent de la faim, le repas apporte la force et garantit la survie ; d'autres encore se réjouissent d'un repas qui sera préparé et servi en bonne compagnie. Le repas est en effet très souvent une expérience sociale. On se rassemble autour d'un repas vraisemblablement le plus souvent au sein du cercle familial, mais aussi avec des amis, ou des collègues de travail, ou autre. L'aspect social de la célébration eucharistique sera discuté plus tard en détails (voir p. 98). Pour le moment, il est surtout important de comprendre que la gestuelle symbolique qui accompagne le pain et le vin est accessible à tous. Et quand Jésus y attache des paroles explicatives qui transmettent un message particulier, celles-ci sont fondamentalement compréhensibles par tous. De ce fait, toutes les interprétations sont possibles. Parce que la communion est un repas ritualisé, il n'y a pas vraiment de fausse interprétation aussi longtemps que cette célébration est comprise comme étant un repas. Ceci doit être clairement souligné ici, avant de poursuivre l'étude des autres aspects, plus spécifiques, de ce repas singulier.

Conclusion : La célébration eucharistique est un repas ritualisé. Ses éléments les plus importants sont les actions reliées au pain et à la coupe de vin. Dans la mesure où nous prenons tous régulièrement part à des repas, et que le pain et le vin formaient jadis l'alimentation de base, la symbolique de cette célébration est compréhensible par tous.

Les significations de la communion

La célébration eucharistique est le banquet pascal

L'eucharistie est avant tout un repas en mémoire des
souffrances et de la mort de Jésus. Il y a dans les détails
de nombreuses significations symboliques qui ne me
sont malheureusement pas encore claires.

Hartmut Sander (68 ans)

Nous venons de voir que le noyau de la célébration
eucharistique consiste en un repas ritualisé comportant du
pain et du vin. Toutefois, les textes du Nouveau Testament
contiennent une mine d'information permettant de
comprendre les gestes et actions autour du pain et du vin.
Nous allons maintenant étudier ces informations avec soin
parce qu'elles vont nous permettre de découvrir comment
Jésus et l'Église primitive comprennent ce rituel, et par
conséquent, comment nous devons les comprendre.

Avant d'être livré aux Romains, Jésus demande à ses disciples de préparer un repas pascal (Marc 14,12–16). La passion
de Jésus se passe pendant la période bien connue du festival
juif qui combine la fête de la Pâque et la fête des pains non
levés. Ce sont des fêtes populaires pendant lesquels de nombreux plantureux repas sont préparés. On y mange et on y boit
copieusement. Pour nous aujourd'hui, la communion est un
repas plutôt minimaliste – personne n'en ressort vraiment
rassasié. De même, le partage du pain et du vin que Jésus lui-
même accomplit lors de son dernier repas n'était probablement pas opulent non plus. On se rappelle, néanmoins, que
d'après l'évangile de Marc, l'institution de l'eucharistie a lieu
en conclusion d'un repas qui, lui, est copieux (voir p. 16). Ce
repas est effectivement un repas pascal pendant lequel il est
courant de servir de l'agneau à manger (Marc 14,16).[10] Tel que
mentionné, Jésus et ses disciples étaient en train de manger
avant ou pendant ce partage du pain et du vin que nous appe-

53

lons aujourd'hui « communion », selon Marc (voir plus haut, p. 16). L'apôtre Paul lui-même situe ce partage du pain et du vin à la fin d'un long et copieux repas (voir p. 27).

Mais la fête de la Pâque, c'est beaucoup plus qu'un bon repas. Elle a une signification religieuse et politique dont nous ne sommes pas forcement conscients aujourd'hui. Pour mieux comprendre le cadre de l'institution de la communion, il importe donc d'explorer les origines de la Pâque. Cela requiert d'étudier certains textes de l'Ancien Testament.

Le festival de la Pâque est l'une des plus importantes fêtes traditionnelles d'Israël. D'après le récit en Exode 12, il s'agit d'une fête familiale qui doit être organisée par le père de famille[11] et qui peut également inclure les voisins (Exode 12,3–4). La commémoration de l'exode, et la délivrance d'Égypte du peuple d'Israël sont les points centraux de cette fête (12,25–28). Les textes et histoires traditionnelles qui y sont constamment racontées parlent de délivrance, et particulièrement de délivrance de l'esclavage, de délivrance de l'oppression d'un pouvoir étranger, et plus précisément délivrance d'une culture dominante, l'Égypte, qui exploite les Israélites pour la construction de leurs édifices extravagants (Exode 1,8–14).

Il y a une autre raison pour laquelle la Pâque est très importante pour les Juifs. L'exode a conduit ce peuple sur le chemin d'un nouveau pays, promis par Dieu, et vers une identité nouvelle. La fête de la Pâque est pour ainsi dire la première station sur cette route. Elle rappelle aux Juifs qu'ils ont été une fois un peuple libre et autonome. Rappelons-nous que du temps de Jésus, la Palestine était gouvernée par les Romains. Ses habitants sont donc, encore une fois, soumis à une force d'occupation. Il est fort possible que certains Juifs aient été fiers d'appartenir au puissant empire romain, mais une chose est sûre : la petite province de Judée, où se trouve Jérusalem, est durement exploitée, comme le sont les autres provinces qui forment la Palestine. Nombreux sont ceux qui souffrent de l'oppression romaine, notamment à cause des nombreux impôts et taxes.

Du fait de l'oppression romaine, la fête de la Pâque revêt une immense signification politique. À cette occasion, beaucoup d'habitants des régions rurales viennent en pèlerinage à Jérusalem. Beaucoup de monde voyagent ensemble, ou se rencontrent dans la capitale. Les Juifs utilisent également cette opportunité pour recruter à des fins militaires, ce qui, aux yeux des Romains, est illégal. Durant ces célébrations, les risques d'instabilité politique, d'apparition de mouvement de guérilla ou de soulèvements sont donc élevés, notamment en raison de la commémoration de la libération de l'esclavage d'Égypte. Bien sûr, cela rend les occupants romains nerveux, et par conséquent, ils observent Jésus de près : pourrait-il se présenter d'une manière ou d'une autre comme un leader politique ou religieux pour les Juifs ? L'acte d'accusation de Jésus de Nazareth comme « Roi des Juifs » (Matthieu 27,37 ; Marc 15,26 ; Luc 23,38 et Jean 19,19) démontre que la force d'occupation romaine l'accuse et l'exécute effectivement pour motif politique, à savoir haute trahison.

Ainsi, la fête de la Pâque, dans le contexte de laquelle la communion est instaurée, est une occasion explosive et controversée. Des émotions très différentes flottent dans l'air : d'un côté une joie festive, bordant à la fierté nationale ; d'un autre côté la peur d'instabilités politiques. Cette situation est mentionnée en Marc 14,12–16. Des indications se trouvent également dans le texte de la communion lui-même, avec le mot clé « mémoire » ou « souvenir ». Celui-ci se trouve une fois en Luc 22,19 et deux fois en 1 Corinthiens 11,24–25. Lors de la fête traditionnelle de la Pâque, les Israélites doivent se souvenir de la fuite hors d'Égypte. Dans ce but, les enfants doivent rituellement questionner leur père pour qu'il leur raconte la vieille histoire de l'exode (Exode 12,25–28).

HISTORIQUE ET ARRIÈRE PLAN :

Impôts et taxes dans la Palestine antique

L'empire romain avait une bureaucratie puissante et complexe. Il construisait des routes, des bâtiments publics et des temples, et bien sûr, il entretenait également une grande armée. Tout cela coûtait très cher. Des témoins extrabibliques indiquent que, par conséquent, Rome percevait de nombreux impôts sur les personnes, les biens et les marchandises dans ses provinces. Du temps de Jésus, deux sortes de taxes étaient recueillies dans sa Palestine natale, de même que dans le reste de l'empire romain : les taxes directes et les taxes indirectes. Les taxes directes étaient perçues sur les récoltes et sur les personnes. Elles étaient collectées par les autorités juives sous la supervision des procurateurs romains. Les taxes indirectes provenaient des péages aux entrées et sorties des routes, ponts, ferries et autres droits de transit, aux portes des villes et sur les marchés. Elles étaient généralement payées sur place.

Mais la remémoration ne s'arrête pas au récit. Comme je l'ai déjà mentionné, des paroles rituelles qui connectent la prise du repas avec le souvenir de la délivrance sont déjà connues, spécialement à l'occasion de la fête de la Pâque. Le fait de manger et boire symbolise déjà quelque chose en soi. Lors de la fête de la Pâque, l'agneau pascal devait être rôti entier sur le feu, pendant la nuit. Il devait être mangé « à la hâte » et prêt à partir : « la taille ceinte, les sandales aux pieds, le bâton à la main » (Exode 12,11). Les pains azymes – des pains plats sans levain – soulignent également ce départ précipité : la soudaineté du départ contraint les Israéliens à manger le pain avant qu'il ait eu le temps de lever. Ainsi, à leur manière, la préparation de l'agneau pascal et des pains azymes servent à se souvenir de l'exode en le reconstituant ; et une partie de cette commémoration communautaire dépend de ce qui y est mangé, et de la manière dont la nourriture est mangée.

De même, les premiers chrétiens se rassemblent et commémorent ; ils partagent de la nourriture qui a également valeur symbolique. Il existe cependant certaines différences. Pour commencer, l'Église chrétienne ne commémore pas un événement salvateur, mais bien plutôt une *personne*, à savoir Jésus, qui a apporté le salut.

Rappelons que la provenance du danger encouru constitue une autre différence majeure. Les Israélites de l'Ancien Testament vivaient dans un environnement hostile, et devaient se maintenir contre la toute puissante Égypte. Lorsque Jésus célèbre son dernier repas avec ses disciples, il se trouve également dans un environnement hostile, aussi bien religieux que politique. Le danger ne vient cependant pas uniquement de l'extérieur, ou « des autres ». Le danger vient aussi de l'entourage immédiat de Jésus : Judas Iscariote, l'un des douze disciples, a trahi Jésus et va provoquer son arrestation (Marc 14,10–11). Et même Pierre va le renier sous peu (14,66–72). Ainsi la communion doit être comprise comme le repas de commémoration de la libération de dangers intérieurs aussi bien qu'extérieurs. Pourtant cette libération ne détourne pas Jésus de sa mort. Bien au contraire, il l'anticipe et lui fait face, et ce faisant il apporte la libération le troisième jour, à la résurrection. Ainsi, la libération, que les premiers chrétiens célèbrent, est la victoire sur la mort.

Conclusion : Le dernier repas que Jésus a célébré avec ses disciples se déroule pendant les préparations de la fête de la Pâque. C'est dans le contexte d'un banquet pascal, à la fin d'un copieux repas, que Jésus instaure le rituel minimaliste qui réunit tous les chrétiens encore de nos jours. La fête de la Pâque est une fête familiale juive, dont le point central est la commémoration de la délivrance de l'esclavage en Égypte. La nourriture elle-même est symbolique – ce qui est servi, et comment cela est servi, fait partie de cette commémoration. Du temps de Jésus, la Palestine est une province romaine et doit payer des taxes élevées. La fête de la Pâque réveille le sentiment national chez de nombreux Juifs et rend l'occupant romain nerveux. La communion parle elle aussi de commémoration, et ce qui est consommé en commun est le symbole du souvenir. En revanche, au centre du message se tient la personne de Jésus qui apporte la délivrance au milieu du danger. La libération n'est pas pour Jésus celle, immédiate, de la mort imminente. C'est la victoire sur la mort, qui est manifestée par la résurrection.

La signification du « sang de la nouvelle alliance »

> (L'eucharistie) est une commémoration de ce que Jésus a fait pour moi : mourir, pardonner dans l'amour. On ne devrait refuser la communion à personne, dans la mesure où ils connaissent Jésus. Je « ressens » un nouveau commencement chaque fois que je la reçois, comme une purification.
>
> *Eva J. Elke*

Jusqu'ici, nous avons étudié le contexte festif et rituel de la communion. Nous avons également mis en lumière que la célébration eucharistique est dans son essence un repas simple, basé sur le pain et le vin, ce qui en rend la symbolique accessible à tous. De plus, dans le contexte de la fête pascale, elle est liée au souvenir du salut.

Les significations de la communion

Au moment où il passe le pain, puis la coupe à ses disciples, Jésus prononce des paroles, que nous appelons aujourd'hui les « paroles de l'institution ». D'après les deux textes les plus anciens, ces mots sont : « ceci est mon corps », sur le pain (Marc 14,22), et « ceci est mon sang de l'alliance, qui est versé pour beaucoup » (Marc 14,24), ou bien « cette coupe est la nouvelle alliance dans mon sang », sur le vin (1 Corinthiens 11,25). Nous avons également vu que, du moins dans l'évangile de Marc, les paroles de l'institution sur la coupe sont prononcées après le partage du vin. Avec ces mots, Jésus donne des indications sur la façon dont lui-même comprend ce repas ritualisé, et comment il voulait que les autres le comprennent. C'est pourquoi nous allons maintenant étudier ces deux paroles de l'institution de manière détaillée. Commençons avec les paroles sur la coupe.

Tandis qu'il passe la coupe de vin, il parle d'une « alliance », ou d'une « nouvelle alliance », et de « mon sang de l'alliance ». Qu'est-ce que cela veut dire ? Dans les églises catholiques, protestantes et orthodoxes que j'ai visitées, l'« alliance » est principalement invoquée au moment de la communion. En dehors de son usage religieux, le mot alliance signifie une union, ou un accord intervenant entre deux familles, des individus, des pays, des partis politiques, des associations et même entre des éléments de nature contraire, et la plupart des gens mariés portent une alliance à leur annulaire, en signe de leur union. Mais ce concept familier en dehors de l'église provoque beaucoup de perplexité lorsqu'il est lié au sang de Jésus, et appliqué à la communion. En fait, peu de personnes comprennent vraiment le sens de « ceci est mon sang de l'alliance », et le sens ordinaire du mot « alliance » peut même limiter la compréhension du terme prononcé par Jésus. En fin de compte, force est de constater que les messages fondamentaux de la célébration eucharistique nous échappent en grande partie.

59

Par contre, les gens qui entourent Jésus, comprennent parfaitement ce qu'il veut dire. Cela peut être clairement établi parce que Jésus utilise un mot comme « alliance », sans avoir besoin de l'expliquer. À l'opposé, quand il dit des choses difficiles à comprendre, comme certaines paraboles (Marc 4), il en explique le sens plus tard (4,10–12). Mais les paroles du dernier repas sont tirées de traditions qui sont très familières à ses auditeurs et donc faciles à comprendre. En fait, Jésus cite un texte très important qui provient de la Torah, l'écriture sainte des Juifs. Celle-ci raconte comment les Israélites, après être sortis d'Égypte, sont conduis par Dieu à travers le désert. Ils sont en route vers la terre promise, sur laquelle le peuple d'Israël espère vivre plus tard. Cette marche prend beaucoup de temps, comporte de nombreux dangers, et engendre également de nombreux conflits. En cours de route, il y a toutefois un moment très important : c'est l'arrivée des Israélites au mont Sinaï. Cette montagne n'est pas n'importe quel lieu. D'après la Torah, c'est la montagne où Dieu séjourne, et où les hommes peuvent le rencontrer. Moïse y a conduit les Israélites, et d'après le texte biblique que cite Jésus, il monte sur cette montagne. Là Dieu lui donne les Dix Commandements (Exode 20,1–17) et diverses autres directives (Lévitique 26,46).[12]

Mais avant tout, le mont Sinaï est le lieu où Dieu scelle une alliance avec le peuple d'Israël. Cette alliance est nécessaire parce que Dieu est tellement sacré que les Israélites, considérés comme pécheurs, ne peuvent pas s'en approcher (Exode 19,20–25 ; 24,1). L'alliance est donc d'une certaine manière la réponse de Dieu aux problèmes générés par le péché.

Nous avons peut-être de la difficulté aujourd'hui à concevoir que les êtres humains ne sont pas décrits dans la Bible comme des êtres bons et irréprochables, ou bien aussi que l'on parle sans cesse de péché dans l'église. Doit-il vraiment en être ainsi ? N'essayons nous pas tous de vivre une vie honorable ? Cependant, il nous faut bien reconnaître que dans notre monde, et dans notre vie, rien ne se passe sans heurts. Parler du péché est simplement une question d'honnêteté. Malgré nos meilleures intentions, et malgré nos idéaux les plus hauts, l'être humain n'est pas parfait.

Comme le dit le poète Lothar Zenetti :

Il en est, semble-t-il, ainsi
dans la vraie vie,
aussi dur que cela puisse paraître :
parfois l'amour échoue.

Le péché dans la Bible se rapproche de cette constatation. En effet, la Bible ne donne pas de définition du « péché ». Pour comprendre cette notion fondamentale, nous dépendons de textes très différents, issus de l'Ancien et du Nouveau Testament. Le propos n'est pas d'étudier ici en profondeur ce vaste sujet, mais il nous sera utile d'en comprendre le fonctionnement de base. Le péché est par-dessus tout décrit dans la Bible comme étant la séparation fondamentale entre l'être humain et Dieu. Le péché est également souvent relié à la désobéissance envers les commandements de Dieu.

Ces deux dimensions coïncident par exemple dans le récit du péché original : Après qu'Adam et Ève, contre l'avis de Dieu, ont mangé le fruit de l'arbre, ils doivent quitter le paradis, et ainsi le lieu de la présence divine (Genèse 3). Le péché a toujours des conséquences négatives pour les individus ou pour la communauté, et peut dans le pire des cas conduire à la mort (Genèse 4,1–16). Tout le monde est sous le pouvoir du péché (Romains 3,23 ; 1 Jean 1,8). En réalité, Dieu seul peut libérer les humains des effets du pouvoir du péché. Cette idée sera soulignée durablement par le christianisme : Paul écrit que Dieu justifie les femmes et les hommes gratuitement, par sa seule grâce (Romains 3,24) ; Jésus raconte une parabole selon laquelle quelqu'un qui met sa confiance en Dieu est justifié, alors qu'un autre, qui a rempli tous les commandements de Dieu mais en même temps dédaigne ses contemporains, n'est pas justifié (Luc 18,9–14).

Dans le récit de la traversée du désert, le péché signifie concrètement que les Israélites ne sont pas autorisés à s'approcher du Dieu très saint. Ils ne peuvent même pas toucher la montagne divine (Exode 19,23) ; du moins pas au début. Mais Dieu a, en quelque sorte, préparé une surprise aux Israélites. Et cette surprise, c'est l'alliance. Pour cela, Moïse doit construire un autel au pied du mont Sinaï (Exode 24,4), sur lequel il fait apporter des taureaux en sacrifice. Puis, voici ce qui se passe :

> « Et Moïse mit la moitié du sang des victimes dans des récipients et répandit l'autre moitié sur l'autel. Il prit ensuite le livre de l'alliance et le lut à haute voix devant le peuple. Et ils déclarèrent : Nous obéirons scrupuleusement à tous les ordres du Seigneur. Moïse prit alors le sang des récipients, en aspergea le peuple et dit : Voici le sang de l'alliance que le Seigneur a conclue avec vous sur la base de toutes ces paroles » (Exode 24,6–8).

Ce passage décrit donc l'alliance que Dieu conclut avec Moïse et les Israélites. Il est à noter que cette alliance se compose de deux parties. Tout d'abord, Moïse lit dans un livre des directives morales que Dieu vient de lui donner et qu'il a mises par écrit (Exode 24,3–4). Le récit spécifie que les Israélites les ont acceptées. Puis Moïse asperge les Israélites avec le sang des animaux sacrifiés. Ces deux composantes sont différentes, mais elles sont complémentaires et indissociables, comme l'indique la similarité de leurs noms : « livre de l'alliance » et « sang de l'alliance ». Lors de son dernier repas, au moment de l'institution de l'eucharistie, Jésus cite donc ce passage de l'alliance sur le mont Sinaï. Quand il dit « ceci est mon sang de l'alliance », en donnant la coupe à ses disciples, il dit les mêmes mots que Moïse prononce au moment de l'alliance sur le mont Sinaï, selon Exode 24,8. Rappelons que ce texte fait partie de la Torah, qui est la partie la plus importante des textes sacrés pour les Juifs. Aujourd'hui encore, beaucoup d'entre eux connaissent la Torah par cœur, et il est permis de penser qu'il en est de même du temps de Jésus. Les gens qui entourent Jésus savent donc qu'il fait référence aux paroles de Moïse quand il parle du « sang de l'alliance ».

Que veut donc dire Jésus par cette référence à l'alliance du Sinaï ? Cette alliance entre Dieu et les Israélites doit servir de modèle pour comprendre la symbolique autour de la coupe de vin lors de la communion. Pour comprendre ce que signifie le « sang de l'alliance » dans le contexte de la communion, il faut comprendre ce que le « sang de l'alliance » accomplit au Sinaï. Nous devons donc tout d'abord déchiffrer l'énigme de l'alliance au Sinaï.

Nous avons déjà mentionné qu'avant leur arrivée au mont Sinaï, les Israélites sont séparés de Dieu par le péché. Ils décident alors de suivre les commandements du Seigneur, tels que Moïse les leur a lus dans le « livre de l'alliance ». Ils renoncent ainsi au péché et entreprennent de se conduire de manière éthique et responsable.

De plus, Moïse asperge les Israélites avec le sang de l'animal sacrifié. Qu'est-ce que cela signifie ? Comme nous ne pratiquons plus de rites sacrificiels, ni dans nos églises ni dans d'autres sphères de la culture occidentale, ce geste ne nous est plus familier aujourd'hui.[13] De tels rituels font cependant partie de la vie quotidienne dans le monde de l'Ancien et du Nouveau Testament, où ils sont pratiqués de manière tout à fait naturelle. C'est pourquoi des sacrifices sont régulièrement mentionnés dans l'Ancien Testament, comme par exemple le sacrifice de Jacob (Genèse 31,54) ou celui d'Elqana, à Silo

(1 Samuel 1). L'Ancien Testament contient des instructions détaillées sur la bonne manière de conduire un rituel sacrificiel (Lévitique 1–7). En fait, l'ensemble du livre du Lévitique donne de multiples descriptions et instructions sur tous les détails possibles du sacrifice rituel. Il donne aussi des listes détaillées des fêtes et célébrations annuelles. À ces occasions, les Israélites font des pèlerinages au sanctuaire central, où d'autres sacrifices rituels sont offerts (Lévitique 23 ; Nombres 28–29).[14]

Plus tard, à l'époque de l'Église primitive, les sacrifices font également partie de la vie quotidienne. Quand Jésus guérit un lépreux, il lui dit d'aller offrir le sacrifice qui était prescrit dans la Torah pour sa purification (Marc 1,40–45). Et dans le célèbre sermon sur la montagne, Jésus utilise l'exemple de quelqu'un qui offre un sacrifice pour illustrer l'importance du pardon (Matthieu 5,23). Par conséquent, il ne remet pas fondamentalement en question les offrandes sacrificielles. Mentionnons enfin que les Grecs et les Romains ont également leurs propres rites sacrificiels. Et la même chose prévaut pour tous les peuples qui vivent en ce temps-là dans la région du Moyen-Orient, à savoir les Babyloniens, les Égyptiens, les Hittites et les Phéniciens, entre autres. Les rites sacrificiels sont alors un phénomène religieux très répandu.

Les sacrifices rituels nous sont donc peut-être inconnus, mais ils sont très courants du temps de Jésus. Cependant la question demeure toujours : pourquoi fait-on ces sacrifices ? Il y a pour cela plusieurs raisons. Tout d'abord, ils expriment le respect et la gratitude de ceux qui se rendent au sanctuaire pour adorer Dieu. Ceux-ci reconnaissent de cette manière qu'ils sont redevables à Dieu de leur bien-être matériel. Comme dans les sociétés nomades, la richesse est principalement mesurée par la grosseur du troupeau de bétail, ils redonnent à Dieu une part de cette richesse en lui sacrifiant un animal. C'est pour cette raison que nous appelons aujourd'hui l'argent collecté à l'église « offrande ». Cette collecte, ou la quête, est tout à fait similaire à la pratique du sacrifice rituel : nous avons obtenu de la richesse, et nous en redonnons une partie en retour. Parce que, de nos jours, nous mesurons la richesse en argent, nous redonnons une partie de cet argent lors de la quête…ou bien par virement bancaire automatique !

Deuxièmement, le sacrifice rituel sert à rendre de la nourriture disponible. Il est fondamental de noter que tout ce que les gens apportent en sacrifice au sanctuaire doit être comestible et doit leur appartenir. Ainsi, uniquement les animaux domestiques sont permis (Lévitique 1,2 ; 22,17–20), puisqu'ils sont destinés à la consommation humaine. On peut aussi apporter des « offrandes végétales », constituées de céréales mélangées avec de l'huile (Lévitique 2). Et enfin, le tout doit être salé (Lévitique 2,13). Toutes ces offrandes constituent la nourriture de base de la population, et peuvent donc être sacrifiées.

Que se passe-t-il ensuite avec tout cela ? Une partie de tous les sacrifices rituels doit être offert à Dieu et être brulée sur l'autel central devant le temple. (L'autel du temple de Jérusalem est dépeint ci-dessus, p. 43). L'idée est qu'à travers le feu de l'autel, les offrandes sont « transportées » vers Dieu qui ensuite les accepte. Dans les textes sacerdotaux de l'Ancien Testament qui décrivent en détail les rituels sacrificiels, on retrouve, généralement au moment de la combustion, la remarque stéréotypée : « (c'est) une odeur agréable pour le Seigneur » (Exode 29,18.41 ; Lévitique 1,9.13.17 ; 2,2.9.11 ; 3,5.16 ; 8,21 ; Nombres 15,3.10). À l'époque donc, on estime que Dieu peut sentir les odeurs des sacrifices, ce qui pour aujourd'hui est probablement plutôt déconcertant.

Une portion de chaque offrande est également due aux prêtres qui prennent soin du sanctuaire et y organisent le service divin (à l'exception de l'holocauste, qui était un sacrifice où l'animal était entièrement brulé, selon Lévitique

1). Ils reçoivent certains morceaux de viande (Lévitique 7,28–34) et subviennent ainsi à leurs besoins. Et finalement, ceux qui apportent le sacrifice au sanctuaire reçoivent également leur part de viande (Lévitique 7,11–21). Celle-ci est généralement consommée lors d'une fête, dans les trois jours suivant le sacrifice (7,17) – considérant qu'il n'y a pas de système de réfrigération, la viande s'avarie et devient rapidement inconsommable.

Le rituel du sacrifice répond donc à de multiples fonctions. Pour en revenir à notre comparaison avec les collectes d'argent de nos églises contemporaines, nous pouvons dire que tout comme dans l'ancien temps, notre offrande profite à de nombreuses personnes. D'un côté, elle est bénéfique au travail de l'église. D'un autre côté elle sert souvent à financer des activités charitables. Ainsi, nous pouvons les associer de manière tout à fait légitime à un « sacrifice », puisque l'objectif est similaire à la fonction du sacrifice rituel du passé.

Passons maintenant à une autre caractéristique particulière, liée au « sang de l'alliance », mentionnée lors de l'alliance au mont Sinaï. Il y a dans le judaïsme en général un très grand respect du sang. Des lois stipulent que le sang des animaux ne peut pas être consommé (Lévitique 3,17 ; 7,26–27 ; Deutéronome 12,23). Ces lois sont du reste toujours observées dans le christianisme primitif (Actes des Apôtres 15,20). Ce respect mêlé d'admiration et de crainte provient de la croyance que la vie de toute créature se trouve dans son sang. Cela était souvent expressément indiqué dans ces décrets : « toutefois, abstiens-toi rigoureusement de manger le sang, car le sang c'est la vie » (Deutéronome 12,23). Une déclaration similaire va même au-delà de cette relation en reliant le sang avec l'expiation, qui est l'un des effets du sacrifice : « Car la vie de la chair est dans le sang, et je (Dieu) vous l'ai donné sur l'autel afin qu'il serve d'expiation pour vos vies, car c'est le sang qui permet l'expiation, de part la vie » (Lévitique 17,11).

À quoi sert donc le sang des animaux sacrifiés ? Les textes bibliques en décrivent des usages très variés. Par exemple, il est utilisé durant la cérémonie de consécration des prêtres pour marquer les candidats à la prêtrise, et pour ainsi les « sanctifier » (Exode 29,19–21 ; Lévitique 8,23–24). Lors de la cérémonie du « jour des expiations » (Yom Kippour), le sanctuaire lui-même, ainsi que l'autel, sont aspergés par le sang des animaux sacrifiés (Lévitique 16,15–19). Dans les deux cas, « l'effet » attendu est le même : Le sang doit sanctifier le candidat à la prêtrise et le sanctuaire, ce qui en clair signifie « les rendre sacrés ». Avant la cérémonie, les candidats sont considérés comme pécheurs, à l'instar de tous les autres êtres humains. Mais après qu'ils ont été mis en contact avec le sang du sacrifice, ils sont purifiés, et deviennent donc sacrés. Ils peuvent désormais accomplir leur devoir sacerdotal au sanctuaire, en présence de Dieu. D'ailleurs le sanctuaire est également considéré comme impur. Il doit aussi être préalablement sanctifié par le sang du sacrifice pour que le Dieu Saint d'Israël puisse y résider.

Ces actes de consécration, qui ont le pouvoir d'éliminer les péchés, sont appelés « expiation » dans l'Ancien Testament. Le texte ci-dessus, mentionné en Lévitique 17,11, associe l'élimination des péchés avec le sang et la vie. Nous avons donc en arrière plan l'idée que le péché représente la mort. Cependant, le sang, symbole de la vie, peut éliminer le péché. Lorsque cela se produit, les gens deviennent sacrés. Ils peuvent désormais s'approcher de Dieu sans le craindre.

Ces explications sur le sens du sang du sacrifice et de ses effets nous aident à comprendre le rituel que Moïse exécute au mont Sinaï. Résumons rapidement ce qui s'y passe : Les Israélites arrivent à la montagne qui est considérée comme le lieu de la présence divine. Cependant, à cause de leurs péchés qui représentent l'emprise de la mort, ils ne peuvent pas s'en approcher. Moïse lit un texte du « livre de l'alliance »

et asperge les Israélites avec le sang du sacrifice qu'il appelle
« sang de l'alliance » (Exode 24,6–8). Le récit continue ainsi :

> « Moïse monta avec Aaron, Nadab, Abihu et soixante-
> dix des anciens d'Israël. Ils virent le Dieu d'Israël ; sous
> ses pieds, c'était comme une surface de saphir étincelant,
> comme le ciel lui-même quand il est clair. Il (Dieu)
> n'étendit pas la main sur l'élite des Israélites. Ils virent
> Dieu, puis ils mangèrent et burent » (Exode 24,9–11).

Il se produit ici un véritable « happy end » ! Non seulement
le prophète Moïse peut monter sur la montagne et voir Dieu,
mais aussi les Israélites – cela est rapporté deux fois, aux
versets 10 et 11. Ensuite, ils font la fête, mangeant et buvant
devant Dieu! C'est réellement ce qui est décrit dans la Bible !

Notons quelques aspects de cette scène étonnante.
Premièrement, la viande que les Israélites mangent sur la
montagne provient des animaux qui ont été offerts en sacrifice
selon Exode 24,5. Le sacrifice mentionné peut s'appeler un
« sacrifice de communion » ou un « sacrifice de paix » en
fonction des traductions bibliques, et la viande de chacun des
animaux peut être mangée par celui qui l'a offerte.

Deuxièmement, les Israélites ont été sanctifiés, grâce aux
deux éléments de l'alliance. L'un d'entre eux est le « sang
de l'alliance » dont Moïse a aspergé les Israélites. Ce sang
symbolise la vie et a le pouvoir de purifier les gens du péché,
qui apporte la mort. Ainsi, les Israélites sont purifiés, malgré
qu'ils n'aient pas toujours eu un comportement exemplaire.
Puisque le symbole de la vie détruit l'emprise de la mort,
les Israélites peuvent désormais célébrer devant Dieu. Dans
l'esprit du message de Lévitique 17,11, ils sont à cet égard
devenus sacrés, comme les prêtres qui servent Dieu. L'effet
de cette action rituelle est comparable à l'engagement des
Israélites à suivre les instructions recueillies dans le « Livre de

l'alliance ». Les deux composantes de l'alliance les sanctifient différemment, chacune à sa manière ; et chaque composante contribue à sa manière à l'alliance que Dieu a conclue avec Moïse et les Israélites. Ainsi, ce peuple appartient maintenant à Dieu. Ceci est illustré ci-dessous par cet aperçu.

Vue d'ensemble 2 :
L'alliance au mont Sinaï

2 composantes	« Le livre de l'alliance » (Exode 24,7)	« Le sang de l'alliance » (Exode 24,8)
Condition préalable	Les Israélites sont séparés de Dieu	
Actes	Moïse lit le livre aux Israélites ; ceux-ci acceptent les directives (Exode 24,7)	Des sacrifices sont apportés ; Moïse asperge les Israélites avec le sang du sacrifice (Exode 24,5–6. 8)
Effets	Les péchés sont enlevés ; les Israélites sont maintenant sacrés	
Conséquences	L'alliance entre les Israélites et Dieu est scellée (Exode 24,8) ; Les Israélites montent sur le mont Sinaï ; ils voient Dieu et ils mangent et boivent devant lui (Exode 24,9–11).	

Peu de gens aujourd'hui connaissent ce texte surprenant de la Torah. En effet, l'expérience prouve que même ceux qui se rendent régulièrement à l'église, ou qui sont quelque peu familiers avec la Bible, croient que personne n'a jamais pu voir Dieu dans l'Ancien Testament. Pourtant, d'après Exode 24,9–11, Moïse, les futurs prêtres Aaron, Nabab et Abihu et soixante-dix Anciens d'Israël, sont montés sur la montagne « et ont vu le Dieu d'Israël ».

Tandis que la majorité des chrétiens d'aujourd'hui n'ont jamais entendu parler de ce texte unique, il est très certainement connu des juifs du temps de Jésus. Beaucoup le connaissent même probablement par cœur. Ainsi, Jésus peut citer les mots « le sang de l'alliance », et ses compagnons savent aussitôt de quel texte il s'agit et ce qui est sous-entendu. Bien plus, si la plupart des chrétiens d'aujourd'hui ne peuvent pas imaginer les rituels sacrificiels et leurs corollaires, les rituels de sang, les compagnons de Jésus ont peut-être été témoins de leurs propres yeux d'un de ces rituels au temple de Jérusalem, pas plus tard que la veille du dernier repas. Ce centre du judaïsme est en effet encore debout du temps de Jésus. Le temple n'est détruit qu'après sa mort, en 70 apr. J.-C., lorsque les Romains prennent Jérusalem, pendant la Première Guerre judéo romaine. Les compagnons de Jésus sont donc en même temps familiers des textes de référence de l'Ancien Testament et des rituels sacrificiels.

Que veut donc dire Jésus quand il parle d'une « nouvelle alliance dans mon sang » ? Et comment ses compagnons comprennent-ils ces mots ? D'après les paroles de l'institution, le vin que Jésus leur donne représente son propre sang, d'après une manière de s'exprimer bien connue dans l'Ancien Testament (Genèse 49,11 ; Deutéronome 32,14). Et ce sang correspond à son tour au sang des animaux qui ont été sacrifiés au Sinaï. Les effets ultérieurs de la communion sont très similaires à l'alliance du Sinaï. Lors de l'institution de la communion, les disciples ne sont pas aspergés par le vin. Néanmoins, en buvant à la coupe, ils rentrent en contact physique direct avec le vin. Et quand Jésus l'appelle « nouvelle alliance dans mon sang » (1 Corinthiens 11,25) ou bien « mon sang de l'alliance » (Marc 14,24), cela signifie que là aussi les péchés sont pardonnés. Ceux qui boivent de ce vin sont purifiés. Ils deviennent comme les Israélites qui d'après le récit d'Exode 24 sont montés sur le mont Sinaï et ont vu Dieu. Ils sont devenus sacrés, comme les prêtres qui servent Dieu. D'après un autre texte du Judaïsme primitif, le vin et le pain sont considérés « très saints » (*Testament de Levi* 8,5). Cette sainteté est donc transmise aux participants du repas. Et finalement : une alliance est également scellée à ce moment-là. Ceux qui prennent part à la célébration eucharistique appartiennent à Dieu. Ils sont désormais le peuple de Dieu.

Le thème de « l'alliance » est très fréquent dans le Judaïsme. Il transmet l'idée que tout au long de l'histoire longue et mouvementée de cette religion, Dieu est toujours intervenu en temps de crise, et a toujours soutenu son peuple élu. C'est pourquoi, les pactes d'alliances sont fréquemment mentionnés dans l'Ancien Testament. En voici trois exemples :

1. Un des livres prophétiques préférés de l'Ancien Testament se rapporte directement au rituel de sang particulier que Moïse accomplit au mont Sinaï : « Et pour toi, à cause du sang de ton alliance, j'ai relâché tes prisonniers de la fosse où il n'y a point d'eau » (Zacharie 9,11). De toute évidence, ce texte permet d'espérer qu'au final, Dieu apporte la libération dans les temps de profonde détresse. Le « sang de l'alliance » est ce qui incite Dieu à penser à son peuple dans le besoin. Le cas échéant, Dieu le sauvera... et dans le cas présent, d'une manière très imagée, de la fosse où certains d'entre eux mouraient de soif.

2. Un autre texte prophétique parle d'une « nouvelle » alliance et la relie avec le pardon des péchés : « Voici que les jours viennent – Oracle du Seigneur – où je conclurai avec la maison d'Israël et la maison

de Juda une alliance nouvelle » (Jérémie 31,31).
Cette alliance va se distinguer de la précédente,
celle que Dieu a conclue avec son peuple afin de
le conduire vers la terre promise, et qui a en fait
été rompue (31,32). Cette nouvelle alliance doit
être différente : elle doit être gravée dans les cœurs
des croyants. Ainsi, il n'y aura plus de doutes
quant à l'appartenance à Dieu du peuple d'Israël
(31,33).

3. Finalement certains textes du christianisme prim-
    itif se réfèrent à cette alliance entre Dieu et les
    Israélites sur le mont Sinaï. Dans la lettre anonyme
    « aux Hébreux », l'auteur se donne la peine d'ex-
    pliquer les effets du rite de sang :

> « Car Moïse, après avoir énoncé pour tout
> le peuple chaque commandement selon la
> loi, prit le sang des jeunes taureaux et des
> boucs avec de l'eau, de la laine écarlate et de
> l'hysope, et il aspergea le livre, ainsi que tout
> le peuple, en disant : Voici le sang de l'alliance
> que Dieu a ordonné pour vous. De même, il
> aspergea de sang la tente et tous les objets du
> service. Et c'est avec du sang que, d'après la
> loi, on purifie presque tout, et sans effusion
> de sang, il n'y a pas de pardon » (Hébreux
> 9,19–22).

Ce texte cite également l'alliance de sang d'Exode
24,8. Il ajoute que les divers rituels de sang présents
dans l'Ancien Testament purifient de la même
manière. Le fait que cela doive être expliqué en
Hébreux 9 laisse à penser que ces détails n'étaient
déjà plus autant familiers auprès de certaines

personnes en cette fin de premier siècle, quand le texte est écrit. Après tout, il y a déjà presque trente ans que le temple de Jérusalem a été détruit et par conséquent, personne ne pouvait plus faire de sacrifices rituels. Et en ce temps-là déjà, il fallait donc se donner la peine d'expliquer le processus selon lequel les péchés étaient censés être pardonnés dans le contexte d'un sacrifice rituel.

Bien sûr, de tels rituels et leurs effets sont aujourd'hui encore plus difficiles à comprendre. Cela est dû au fait que nous ne sommes plus familiers avec les textes bibliques sous-jacents. De surcroit, nos pratiques religieuses aujourd'hui sont bien différentes de celles du judaïsme d'il y a plusieurs siècles. De nos jours, nous ne sacrifions plus d'animaux et nous ne pratiquons plus le rite d'aspersion avec leur sang. Les idées et concepts changent naturellement au fil du temps.

D'un autre côté, pouvons-nous vraiment concevoir, de nos jours, que la consommation de vin nous purifie du péché ? Ça reste un concept assez étrange. Il nous est en fait très difficile de complètement saisir nombre de coutumes et traditions que les textes bibliques décrivent et présupposent. Voici un autre exemple : Durant la liturgie dans certaines églises, en réponse à l'invitation : « Élevez votre cœur », la congrégation répond : « nous le tournons vers le Seigneur ». Qu'est-ce que cela signifie exactement ? Est-ce à dire que nous devons physiquement nous lever ou nous tourner vers un point particulier en disant cela ? Ou bien est-ce que cela a à voir avec nos émotions, puisque nous considérons en général que le cœur est le siège des émotions ? Devrions-nous donc essayer de « sentir » Dieu ? En fait, aucune de ces deux explications n'est la bonne. Le cœur n'est pas le siège des émotions dans l'antiquité. On considérait alors qu'il était plutôt l'organe, ou le siège, de la raison et de la connaissance. Ce dialogue liturgique signifie donc plutôt que nous devons avoir notre esprit et nos pensées préoccupés par le Seigneur.

Un autre texte biblique change également de sens, à la lumière de cette explication. Dans l'évangile de Marc, à la suite de la première multiplication des pains miraculeuse (Marc 6,30–44), il y a le récit où Jésus, à la surprise de ses disciples, marche d'abord sur les eaux, puis apaise ensuite un orage menaçant (Marc 6,45–52). En conclusion, on trouve la simple constatation suivante : « … En effet, ils (les disciples) n'avaient rien compris à l'affaire des pains, car leur cœur était endurci » (Marc 6,52). C'est donc le fait que les disciples n'aient pas tiré les leçons de la multiplication des pains précédente qui déclenche la remarque sur « le cœur endurci », qui pour nous serait plutôt « l'esprit obscurci ».[15] La perception antique du corps humain est encore ici à l'œuvre.

Ces notions ou expressions traditionnelles font toujours partie de nos offices religieux. Quand nous cherchons à comprendre leurs significations exactes, elles peuvent nous sembler étranges. En nous replongeant dans le contexte culturel et cultuel de l'époque, nous pouvons mieux en saisir les idées et les concepts. L'exemple d'Hébreux 9,19–22 nous montre qu'il existe, dès l'époque du Nouveau Testament, des textes dont le but est d'expliquer aux premiers chrétiens l'origine et les effets des rites utilisés lors des rassemblements religieux. En tout temps, les gens qui ont eu affaire à des concepts et traditions plus anciennes ont tenté de les comprendre en les étudiant.

Conclusion : Dans ce chapitre, nous avons questionné les gestes qui accompagnent le partage de la coupe lors de la communion. Nous avons pour cela fait un examen attentif des paroles de l'institution que Jésus a prononcées : « ceci est mon sang de l'alliance ». Alors que les chrétiens d'aujourd'hui ont peu de chances de comprendre ces mots, les Juifs du temps de Jésus les comprennent parfaitement. Ils savent que ceux-ci font référence à un texte central de la Torah qui relate l'alliance que Dieu a scellée avec Israël, et pour laquelle Moïse a aspergé les Israélites avec le sang d'animaux sacrifiés. C'est le sang de l'alliance, symbole de vie, qui sanctifie. À travers ce rituel d'aspersion, les Israelites sont consacrés et deviennent individuellement sacrés. Par conséquent, ils peuvent monter sur le mont Sinaï où ils voient Dieu et célèbrent en sa présence. Grâce à l'alliance, ils sont désormais le peuple de Dieu.

Lors du dernier repas que Jésus célèbre avec ses disciples, le vin remplace le sang. Ce vin remplit la même fonction que le sang du sacrifice versé au moment de l'alliance au mont Sinaï. En buvant le vin, les disciples sont consacrés et leurs péchés sont pardonnés. C'est ainsi que Jésus instaure une « nouvelle alliance » lors de la communion, par analogie avec l'alliance du Sinaï.

Suggestions pour un atelier 1 :

Que signifie le « sang de la nouvelle alliance » ?

1. *Lisez* Exode 24,1–11 ; Exode 29,9–21 ; Lévitique 14,10–20. Vous pouvez également jouer ces scènes. Chaque groupe peut mettre en scène un texte différent.

2. *Discussion préalable :* Quelles sont les actions rituelles communes à ces textes ? Que produisent ces actions selon les textes ?

3. *Discussion suivante :* Dans quelle mesure ces scènes vous aident-elles à comprendre le texte de l'instauration de l'eucharistie, en Marc 14,22–25, et, par extension la liturgie eucharistique dans votre église ?

La mort de Jésus et l'expiation des péchés

Le terme d'« expiation », tout comme celui d'« alliance » apporte son lot de confusions et de questionnements. Le dictionnaire Larousse définit l'expiation comme « une action par laquelle on expie ; châtiment, souffrances considérés comme une compensation, une réparation du délit ou de la faute : L'expiation d'un crime ». De nos jours ce terme est principalement utilisé dans le contexte religieux d'expiation des péchés ou des fautes, et laisse au langage littéraire le sens moral d'expiation d'un méfait, d'un crime, d'une attitude ou de tout comportement jugé néfaste par la société. Dans d'autres langues (anglais et allemand, notamment) le terme « expiation » est encore couramment utilisé dans le système juridique. Il y désigne les indemnités compensatrices que les gens cherchent à obtenir suite à un jugement. Néanmoins, si nous ne considérons le terme « expiation » que sous son aspect usuel d'action punitive, ou de jugement, nous ne pouvons pas saisir toute la portée de ce concept théologique. Dieu apparaît soit comme un despote qui condamne, soit comme un juge qui demande réparation pour les erreurs humaines. Dans ce contexte, l'expiation que Jésus obtient pour tous est comprise principalement comme la réparation que Jésus aurait offerte en mourant à notre place, ou bien une punition par procuration qu'il aurait eu à subir à la place des pécheurs.

Il est important de souligner que ces notions de punition ou de réparation *ne sont pas* à la base de l'expiation obtenue par l'alliance au Sinaï, ou par le culte sacrificiel. J'ai déjà montré que les rituels de sang de l'Ancien Testament ont un sens différent : parce que le sang signifie la vie, il est sacré et a le pouvoir d'éliminer les péchés. La relation entre cette caractéristique particulière et ses effets s'appelle « expiation » en Lévitique 17,11 (voir pp. 66–67). Et c'est cette relation précise qui est familière aux chrétiens de l'Église primitive. Les premiers chrétiens *ne comprennent pas* le terme « expiation » dans le sens de punition ou de réparation comme le montre clairement plusieurs textes du Nouveau Testament, dont voici un bref aperçu :

a. Très tôt dans le christianisme, il a été formulé une confession d'après laquelle Jésus est celui que « Dieu a destiné comme moyen d'expiation en son sang afin de montrer sa justice ». Comme Paul l'écrit dans sa lettre aux Romains vers l'année 57, il a repris des phrases de cette confession qu'il a légèrement élargie pour expliquer de quelle manière Jésus rachète les pécheurs : « … et ils sont gratuitement justifiés par sa grâce, par le moyen de la rédemption qui est dans le Christ Jésus. C'est lui que Dieu a destiné comme moyen d'expiation pour ceux qui auraient la foi en son sang, pour prouver sa justice. Parce qu'il pardonne les péchés… » (Romains 3,24–25). Ce qui est important pour nous, c'est que pour Paul et les premiers chrétiens, l'expiation s'effectue par le sang de Jésus parce que le sang a le pouvoir d'éliminer les péchés.

b. De la même manière, dans la première lettre de Jean, Jésus est décrit comme étant « expiation pour nos péchés, non seulement pour les nôtres, mais aussi pour ceux du monde entier » (1 Jean 2,2). Le « fonctionnement » de l'expiation est également précisé un peu plus tôt dans cette même lettre : « Le sang de Jésus nous purifie de tout péché » (1,7). Encore une fois, il ne s'agit pas de peine de substitution, mais bien de purification.

c. Cette question est longuement abordée en Hébreux 9–10. Ces deux chapitres décrivent les actes officiels que le Grand Prêtre juif doit effectuer durant le Yom Kippour qui est le « jour du Grand Pardon ».[16] L'accent est mis principalement sur les rites de sang que le Grand Prêtre doit exécuter chaque année, en conformité avec les instructions sur le Yom Kippour données dans le Lévitique 16,14–19. Ces règles sont récapitulées dans Hébreux 9,7 : « Mais seul le Grand Prêtre entre dans la seconde partie (le sanctuaire), et (il n'y va) qu'une fois par an, (et cela) non sans apporter du sang qu'il offre pour les fautes qu'il a commises involontairement et celles du peuple. » À partir d'Hébreux 9,1, il est désormais proposé de comprendre la mission de Jésus par analogie aux devoirs du Grand Prêtre. Cependant, Jésus est entré dans un sanctuaire céleste, supérieur au sanctuaire terrestre où le Grand Prêtre effectuait son service. Une autre différence est que Jésus a acheté un salut éternel, vu qu'il est entré dans le sanctuaire « par son sang » (9,12). Finalement, on explique, là encore, comment fonctionne le salut : « En effet, si le sang de boucs et de taureaux, ou la cendre de la vache qu'on répand sur ceux qui ont été souillés, les sanctifient de manière à les purifier extérieurement, combien plus le sang du Christ – qui par l'Esprit éternel s'est offert lui-même à Dieu, comme une victime sans tache – purifiera-t-il notre conscience des œuvres mortes, pour que nous servions le Dieu vivant ! » (9,13–14). Encore une fois, l'expiation est décrite comme une purification, et cela sera encore argumenté de la même manière plus loin dans la lettre (Hébreux 9,21–22 et 10,19–22).

d. Le quatrième livre des Maccabées est apparu dans le monde judaïque à la même époque que la première lettre de Jean et la lettre aux Hébreux, ou peut-être un peu après.[17] On trouve dans ce texte une scène émouvante où Eléazar et ses fils meurent en martyrs. Dans la perspective de sa mort prochaine, Eléazar fait un discours d'adieu, dans lequel il déclare que son sang peut être un « moyen de purification » (4 Maccabées 6,29).

Tous ces textes présupposent que le sang a un pouvoir particulier. Par conséquent le sang, la purification, le pardon des péchés et l'expiation font tous partie d'un même ensemble. Cette conception vient du culte sacrificiel de l'Ancien Testament et elle se retrouve derrière la « nouvelle alliance dans mon sang » que Jésus établit lors de l'institution de l'eucharistie. Jésus est face à sa mort imminente et il signifie à ses disciples qu'elle sera d'une importance toute particulière. Pour transmettre son message, il utilise le texte bien connu de l'alliance sur le mont Sinaï. Nous comprenons ainsi par analogie comment la mort de Jésus peut effectuer l'expiation : c'est par son sang qui purifie et enlève les péchés.

Conclusion : D'après plusieurs déclarations trouvées dans le Nouveau Testament, la mort de Jésus est le médium qui apporte l'expiation. Il n'est cependant pas adéquat de la décrire comme une punition ou le résultat d'une réparation judiciaire. En revanche, nous trouvons dans le culte sacrificiel de l'Ancien Testament la notion que le sang des animaux sacrifiés peut éliminer le péché des humains, par un processus décrit comme un acte de purification. Ainsi, quand Jésus instaure la « nouvelle alliance dans mon sang », lors de la communion, il connecte l'expiation à cet acte de purification. Le vin symbolise le sang de Jésus qui élimine ainsi les péchés de ceux qui le boivent.

Est-ce que la mort de Jésus est un sacrifice ?

> Qu'une prière sans fin lui soit rendue
>> Et que des louanges affluent pour le couronner ;
> Que son nom, comme un doux parfum, s'élève
>> Avec chaque sacrifice matinal
>> *2ème Strophe de l'hymne # 434 "Jésus Shall Reign"*
>> *d'Isaac Watts (Texte) et John Hatton (Musique),*
>> *du livre de cantiques Evangelical Lutheran Worship*
>> *(trad. : VE)*

Dans le chapitre précédent, nous avons mentionné plusieurs fois le rituel sacrificiel et nous en avons expliqué les effets. La question qui se pose maintenant est de savoir si la mort de Jésus sur la croix doit être comprise comme un sacrifice. C'est un fait que les églises chrétiennes, toutes confessions confondues, parlent beaucoup du sacrifice de Jésus. Il y a également l'idée diversement partagée que la communion elle-même doit être comprise comme un sacrifice : Jésus serait présent dans l'église, sous la forme du pain et du vin, et il serait sacrifié par le prêtre durant le service religieux. Ce sacrifice dominical serait à comprendre par analogie avec le sacrifice de Jésus sur la croix. Est-ce que la mort de Jésus serait similaire au rituel qui consiste, dans l'Ancien Testament, à apporter un animal au temple en sacrifice ?

Il convient tout d'abord de souligner que les choses sont présentées différemment dans les récits de la passion du Nouveau Testament. D'après ces textes, Jésus a été condamné à être crucifié en public, et a été exécuté, par la force d'occupation romaine en Palestine. L'inscription sur l'écriteau placé au-dessus de Jésus, sur la croix, avec le texte « le roi des Juifs »

Les significations de la communion

(Marc 15,26 ; Matthieu 27,37), ou « Jésus de Nazareth, roi des Juifs » (Jean 19,19), laisse penser qu'il a été condamné comme « prétendant au rôle de Messie ». Cela signifie concrètement qu'il a été accusé de haute trahison et troubles politiques. Pour cela, selon les lois de l'empire romain, il mérite la peine capitale, et plus précisément, la mort par crucifixion.

HISTORIQUE ET ARRIÈRE PLAN :

Crucifixion et « Titulus »

La crucifixion était une forme d'exécution particulièrement cruelle et humiliante. Les gens étaient attachés avec des cordes ou cloués à un poteau, avec ou sans traverse. La mort intervenait généralement après plusieurs heures, voire plusieurs jours. La crucifixion était très répandue dans la période gréco-romaine, et souvent utilisée dans l'empire romain.

Le motif de l'accusation était souvent inscrit sur un petit écriteau, appelé « *titulus* ». **Il était porté à** l'avant du cortège du futur supplicié, puis il était fixé sur la croix, au-dessus de la tête. Il donnait généralement le motif de la condamnation – Jésus a été par exemple accusé de trahison et de sédition. Selon le Nouveau Testament, le *titulus* de Jésus était écrit en hébreu (ou en araméen), latin et grec (Jean 19,20), ce qui correspondait aux langues officielles de l'empire romain, et à une langue comprise localement.

La raison de la condamnation de Jésus pouvait donc être lue par les curieux, ou pouvait être lue aux curieux par ceux qui savaient lire. Les souffrances et la mort des crucifiés devaient servir d'avertissement et de dissuasion.

Est-ce que cet évènement fondamentalement choquant et pénal peut être appelé un « sacrifice » à l'époque ? Il est intéressant de noter que ce mot n'apparaît nulle part dans les récits de passion du Nouveau Testament. En fait, un sacrifice rituel est quelque chose de très différent d'une scène d'exécution judiciaire. Pour bien comprendre la différence entre les deux, j'aimerais rappeler quelques aspects centraux du rituel sacrificiel que j'ai déjà décrit (voir ci-dessus pp. 63–66) : Les rituels sacrificiels sont très répandus dans les cultures de l'Ancien et du Nouveau Testament, ainsi que dans les cultures et religions environnantes. Les sacrifices sont apportés parce que les gens voulaient remercier Dieu, ou parce qu'ils ont des demandes particulières. De plus, les gens espèrent ainsi que leurs péchés seront pardonnés. Des présents comestibles sont offerts en sacrifice, principalement des animaux de troupeaux et des céréales. Une partie est consumée sur l'autel pour être remise à Dieu ; une autre partie revient aux prêtres et finalement le reste de la viande est consommé par la communauté rassemblée.

Selon l'occasion qui motive le sacrifice, l'« atmosphère » peut être très différente. La plupart des sacrifices sont offerts au temple lors de cérémonies solennelles. On trouve une description assez détaillée d'une fête sacrificielle en 2 Chroniques 29,20–36 : au début de son règne, Ézéchias, le nouveau roi de Juda (725–697 av. J.-C.) réorganise le culte sacrificiel à Jérusalem. À cette occasion, le roi lui-même, les prêtres et les lévites, ainsi que tout le peuple s'est rassemblé dans le temple. Les sacrifices sont consumés au son des cymbales, harpes, lyres et trompettes (2 Chroniques 29,25–26).

Pendant le rituel sacrificiel il y a également des chants, particulièrement le « chant du Seigneur » (2 Chroniques 29,27) ainsi que les psaumes de David et d'Asaf (29,30). Ces informations laissent clairement entendre que l'ambiance générale de ces fêtes est détendue et joyeuse. Cela est plusieurs fois expressément indiqué : « et ils chantèrent avec joie, et ils s'inclinèrent et adorèrent (le Seigneur) » (29,30) ; « et Ézéchias et tout le peuple se réjouirent de ce que Dieu avait préparé pour le peuple... » (29,36). Nous devons également imaginer la même gaieté et le même entrain à l'occasion des fêtes juives des Semaines (Lévitique 23,33–43 ; Deutéronome 16,13–15), ou la fête des Tabernacles (Lévitique 23,33–43 ; Deutéronome 16,13–15), par exemple. Celles-ci pourraient en effet être comparées à nos fêtes de moissons, fêtes d'action de grâce ou autres.

J'ai également déjà mentionné que dans la culture de l'Ancien Testament des sacrifices rituels pouvaient être offerts pour des occasions très variées. Alors que certains sacrifices sont célébrés dans de grandes festivités, d'autres, comme par exemple le Yom Kippour, ou « jour de l'expiation », sont dominés par la tristesse et le repentir. Le peuple tout entier doit jeûner et arrêter de travailler (Lévitique 16,29–31 ; 23,26–32). Cette ambiance générale vient du fait qu'en ce jour de Yom Kippour, les péchés du peuple doivent être enlevés grâce aux rituels accomplis au temple. De plus, le sanctuaire doit lui-même être purifié, tel qu'il en ressort du Lévitique : « et il (le Grand Prêtre) fera l'expiation pour le sanctuaire sacré, il fera l'expiation pour la tente de la Rencontre et pour l'autel, il fera l'expiation sur les prêtres et sur tout le peuple de l'assemblée ».

L'ambiance de douleur et de repentir du Yom Kippour ne vient pas du fait que les rituels sacrificiels seraient en soi perçus comme tristes ou menaçants. C'est cependant la conclusion qui est souvent tirée, car on considère que la mort des animaux est au centre du rituel sacrificiel. Mais il n'en est pas ainsi. Il a déjà été mentionné que les sacrifices rituels doivent être remis à Dieu, en vertu des dispositions de l'Ancien Testament. Ils sont « transportés » vers Dieu par le feu de l'autel (voir ci-dessus, p. 65). C'est pour cela que les offrandes végétales comptent parmi les rituels de sacrifices, et celles-ci incluent, d'après Lévitique 2, des céréales, de l'huile et de l'encens. Ces substances ne peuvent pas être tuées – du moins pas selon les conceptions juives ou chrétiennes. La pratique de l'offrande végétale nous laisse donc supposer que d'après les règles rituelles de l'Ancien Testament, ce n'est pas l'acte de tuer qui détermine si tel rituel est un sacrifice ou non.[18] Par conséquent, nous ne pouvons pas conclure que le rituel sacrificiel est dans son essence automatiquement en évènement triste. Les exemples de textes que nous venons de citer montrent que l'ambiance des célébrations sacrificielles pouvait au contraire être joyeuse et détendue.

Les sacrifices dans la Bible ne sont pas invariablement reliés à un événement ou à un destin tragique. En cela, l'utilisation de ce terme est différente de nos jours. La plupart du temps, le terme « sacrifice » est utilisé dans le langage courant pour indiquer le don volontaire qu'une personne fait d'elle même, de sa vie ou de ses possessions pour le bien d'une autre personne, d'une cause, ou pour le bien commun. Ainsi, nous parlons du sacrifice d'une mère, du sacrifice des soldats, d'une génération sacrifiée ou autre. Dans tous les cas, ce mot exprime de nos jours la tristesse, le danger ou la mort. Ceci est complètement étranger au contexte biblique. Le mot « sacrifice » n'est jamais utilisé dans les différents écrits de l'Ancien Testament pour décrire des circonstances tragiques ou une mort reçue volontairement ou accidentellement. Par exemple, lorsque David joue de la harpe pour dérider le roi Saül, celui-ci est pris de jalousie et veut le tuer. Cela se produit deux fois en 1 Samuel 18,10–11 – David sait donc qu'il est en danger. Il reste néanmoins à la cour royale pour servir le roi Saül. Pour décrire ce qui se passe dans cette histoire, nous dirions aujourd'hui que David était prêt à « sacrifier » sa vie. Mais cette notion n'apparaît nulle part dans les textes bibliques, ce qui n'est pas surprenant, puisque les mots « sacrifier » et « sacrifice » signifient tout autre chose dans l'Ancien Testament.

Il en est de même lorsque, le conflit entre David et Saül dégénérant, David doit fuir. Il est accueilli temporairement par Achimélek et les prêtres de Nob (1 Samuel 21,2–10). Lorsque le roi Saül découvre cela, il considère que cet acte est une expression de défiance à son égard. Il fait donc assassiner les prêtres de Nob, ainsi que tous les habitants de la ville de Nob (1 Samuel 22,6–19). Au vu de ces évènements tragiques, nous pourrions aujourd'hui dire que les prêtres et la ville de Nob sont victimes de la fureur de Saül, et que Saül sacrifie Nob à sa haine envers David. Cependant, comme précédemment, le terme biblique « sacrifice » n'apparaît pas ici, parce que dans l'Ancien Testament, celui-ci se rapporte toujours concrètement à un rituel sacrificiel : il n'est jamais rattaché à la mort seule, ou au sentiment de tragédie. Les rituels sacrificiels sont des évènements qui servent à communiquer avec Dieu ; ils peuvent aussi bien être empreints de gravité que déborder de joie. À l'inverse, l'utilisation moderne du terme « sacrifice » renvoie principalement à des pertes humaines ou des destins tragiques, et ne fait aucune mention de rituel.

Il est important d'avoir clairement à l'esprit ces différentes notions avant de revenir à la question de savoir si la mort de Jésus sur la croix est un sacrifice. D'ailleurs, ces différences dans la signification du mot « sacrifice » nous amènent à répondre de deux manières différentes à cette question : dans notre *langage moderne*, l'exécution de Jésus pour motif politique peut incontestablement être qualifiée de « sacrifice ». Ce terme transmet la tragédie de celui qui est assassiné par un appareil d'état impitoyable pour avoir effectué une mission non violente, au nom de l'amour du prochain. Au sens *biblique* cependant, « sacrifice » désigne autre chose – et n'est donc pas applicable à Jésus dans les récits de la passion.

Pourtant, Jésus est quand même qualifié de « sacrifice » dans le Nouveau Testament, et de surcroît dans les termes mêmes qui sont généralement utilisés dans le cadre de rituels sacrificiels. C'est le cas par exemple en Éphésiens 5,1–2 : « Soyez donc les imitateurs de Dieu, comme des enfants bien-aimés ; et marchez dans l'amour, de même que le Christ nous a aimés et s'est livré lui-même à Dieu pour nous en offrande et en sacrifice comme une odeur agréable ». Que signifie cette déclaration ? La dernière partie de la phrase est une citation des textes de rituels sacrificiels de l'Ancien Testament. Nous avons déjà noté que cette expression fait référence à la combustion sur l'autel, qui « transporte » concrètement les offrandes sacrificielles vers Dieu. L'image exprime clairement que Dieu reçoit le sacrifice apporté par les humains (voir p. 65). Quand ces notions sacrificielles sont appliquées à Jésus, dans le Nouveau Testament, ce sont en fait des métaphores, c'est à dire des expressions figurées.

Mais doit-on en déduire automatiquement que ces métaphores se rapportent à la mort de Jésus, ou même à l'acceptation de sa mort imminente ? Il ne fait aucun doute qu'une telle attitude spirituelle serait digne d'être imitée. Il n'est cependant pas clair en quoi ce commandement d'imiter la mort de Jésus, si tel est le cas, peut être utile dans le contexte de ce passage d'Éphésiens, qui traite des comportements recommandés aux membres de cette communauté chrétienne. Dans les chapitres 4 à 6, de nombreux exemples concrets de ces comportements sont en effet énumérés : « rejetez le mensonge » (4,25) ; « dites ce qui est bon » (4,29) ; « soyez bons et pleins d'affection les uns pour les autres » (4,32) ; « ne vous enivrez pas » (5,18) ; « dites ensemble des psaumes, des hymnes et des chants inspirés ; chantez et célébrez le Seigneur de tout votre cœur » (5,19). Et c'est précisément pour ces comportements ordinaires de la vie quotidienne que les gens doivent s'orienter sur Jésus, sur son amour, son dévouement et son sacrifice. Si l'on met en doute le fait que la mort de Jésus, ou son attitude face à la mort, puisse servir d'exemple à suivre pour les actions humaines, il est en contrepartie évident que tout ce que nous connaissons de sa vie peut et doit être imité. C'est de cette manière toute spéciale que l'amour et la compassion de Dieu deviennent visibles.

Similairement, Paul demande aux membres de la communauté de Rome de mettre à disposition leur propre corps « comme un sacrifice saint, vivant, agréable à Dieu » (Romains 12,1). Puis il explique aussitôt ce qu'il entend par cela : les chrétiens de Rome doivent diriger leurs intelligences renouvelées sur ce qui est « bon, agréable et parfait » (12,2) ; ils doivent utiliser leurs divers dons (12,3-8) ; ils doivent être joyeux, patients et persévérants dans la prière (12,12) ; ils doivent vaincre le mal avec le bien (12,21) etc. Le sacrifice ne se réfère ici en aucun cas à des aspects négatifs, mais au contraire, encore une fois, il se réfère à des attitudes et à des règles de vie importantes.

De plus, si l'on maintient que la métaphore sacrificielle d'Éphésiens 5,1-2 se réfère exclusivement à la mort de Jésus, il est difficile de comprendre pourquoi ces propos incluent « comme une odeur agréable ». Dans les rites sacrificiels de l'Ancien Testament, ces mots expriment l'acceptation par Dieu des dons apportés. Nous pouvons donc déduire de cette métaphore que c'est la vie de Jésus qui, malgré sa mort honteuse sur la croix, est acceptée inconditionnellement par Dieu, et que c'est elle qui apporte le salut pour le monde.

Dans la lettre aux Hébreux, écrite plusieurs décennies après les lettres de Paul, le sujet est présenté un peu différemment. Jésus y est également désigné comme un sacrifice, mais contrairement à Éphésiens 5,2, la mort de Jésus est centrale ici : « Et tout comme il est réservé aux humains de mourir une seule fois – après quoi vient le jugement – de même aussi le Christ, qui s'est offert une seule fois pour porter les péchés d'une multitude, apparaîtra une seconde fois, en dehors du péché, pour ceux qui l'attendent en vue du salut » (Hébreux 9,27-28). Là encore, ce discours imagé veut dire que Jésus fait advenir le salut. Toutefois, le sang de Jésus qui peut enlever le péché du monde est au centre de cette idée. Conformément aux conceptions d'expiation de l'Ancien Testament, c'est par la vie qui se trouve dans le sang que celui-ci purifie et obtient le pardon des péchés (voir pp. 76–78). Cette idée se trouve aussi derrière la mention de la « nouvelle alliance dans mon sang » qui se trouve dans l'institution de la communion.

Conclusion : Est-ce que la mort de Jésus doit être comprise comme un sacrifice ? Ou bien, est-il question du sacrifice de Jésus lors de la communion ? D'après les textes du Nouveau Testament, Jésus a été condamné et exécuté par les forces d'occupation Romaines pour des raisons politiques, notamment pour incitation à l'*émeute*. *Cet acte pénal* de nature dissuasive n'a rien en commun avec les rites sacrificiels solennels qui se pratiquent dans un temple. C'est pour cela que, dans le Nouveau Testament, Jésus n'est désigné comme « sacrifice » ni dans les récits de passion, ni dans les textes d'instauration de l'eucharistie. D'autre part, dans Éphésiens 5,2, c'est l'existence entière de Jésus qui est métaphoriquement désignée comme sacrifice – ce qui signifie que c'est sa vie qui est acceptée par Dieu et qui obtient le salut pour le monde. Dans la lettre aux Hébreux, au centre du discours sur le sacrifice de Jésus, il y a le sang de Jésus, qui représente sa vie, et qui par conséquent peut *éliminer le péché du monde*.

La signification de la fraction du pain

Les catholiques disent que lors de la communion, Dieu devient réel dans le pain et dans le vin. Les réformés disent que la communion est un repas de commémoration. Pour moi, cela n'est pas une contradiction. Car Dieu est par son esprit toujours en toute chose, parce qu'il a tout créé, et il continue à agir. Alors, quand il est écrit : « je suis le pain », cela veut dire qu'il l'est depuis le début. La cène sert à me rappeler que Dieu agit en toute chose par Jésus Christ, et qu'il veut me dire aujourd'hui quelque chose de spécial.

Klaus Busch (Luthérien, 68 ans)

La communion est le moyen visible de la grâce promulguée en Christ ; c'est là où la présence réelle du Christ est réalisée.

Marc Jerry (37 ans)

D'après moi, la communion sert à nous souvenir de Jésus.
On doit toujours se rappeler ce qu'il a fait pour nous.

Mareike Behrens (10 ans)

Nous avons vu jusqu'à présent que la communion est essentiellement un simple repas qui, comme tel, est compréhensible par tout le monde. Les paroles de l'institution que Jésus prononce sur la coupe de vin montrent cependant que Jésus lui-même a donné des directives pour l'interprétation de ce repas. Il cite en effet un texte de la Torah qui était bien connu des gens de son époque, celui qui parle de l'alliance entre Dieu et Israël et du sang purificateur (Exode 24,8). Enfin, il nous est apparu évident que pour pouvoir comprendre ces directives et interpréter correctement les propos de Jésus, nous devons aujourd'hui nous familiariser avec les concepts et les rituels d'expiation dans les textes de l'Ancien Testament, ce que nous avons fait dans les chapitres précédents.

Maintenant, voyons ce que signifie la fraction du pain. En Marc 14,22, nous trouvons : « Et comme ils mangeaient, (Jésus) prit du pain et le rompit après l'avoir béni, et leur donna et dit : Prenez ; ceci est mon corps ». Il est rajouté plus tard : « qui est (donné) pour vous » (voir p. 34). Qu'est-ce que ces mots peuvent bien signifier ? Cela veut-il dire que le pain se serait miraculeusement transformé ? Est-ce qu'un miracle a eu lieu, une transformation miraculeuse, comme lorsque Jésus a changé l'eau en vin, lors des noces de Cana (Jean 2,1–11) ?

Rien dans les textes ne nous permet d'affirmer cela. Premièrement, compte tenu du fait que Jésus est toujours vivant parmi ses disciples à ce moment-là, serait-il possible que le pain et le vin que Jésus distribue aux convives soient d'une manière ou d'une autre sa propre chair et son propre sang ? J'en doute. Et cela est particulièrement impossible d'après le texte de la communion selon Marc, qui est après tout le plus ancien des évangiles. Comme nous l'avons vu, dans Marc 14,23–24, Jésus dit les mots de l'institution sur la coupe *après* que les disciples ont bu (voir p. 15). Ces mots doivent donc être compris comme une explication, et non pas comme une description a posteriori d'un évènement qui aurait transformé la substance de ce qui a été servi.

Deuxièmement, s'il y avait eu un tel miracle de transformation dans le texte d'institution de l'eucharistie en Marc 14, il y en aurait eu mention, d'une manière ou d'une autre. Cela aurait été reconnu dans l'histoire et il aurait été indiqué au lecteur qu'un miracle s'est produit, comme dans le texte des noces de Cana (Jean 2,9–11). Mais il ne se trouve aucune remarque indiquant un miracle, ou une transformation réelle du pain et du vin dans le passage eucharistique de Marc 14. Jésus dit effectivement : « ceci est mon corps », en partageant le pain. Mais cela est dit par quelqu'un premièrement qui parle perpétuellement de manière symbolique (Matthieu 16,5–12 ; Jean 4,5–14), deuxièmement qui utilise des paraboles (Marc 4,1–34 ; Matthieu 13,44–52) et troisièmement qui peut dire des choses comme : « Je suis le pain de vie » (Jean 6,35.48) et « je suis le pain vivant » (6,51), ou encore « je suis la lumière du monde » (8,12) ; « je suis la porte des brebis » (10,7) ; « je suis le bon berger » (10,11.14) ; « je suis le chemin, la vérité et la vie » (14,6) etc. Personne ne croit que Jésus s'est transformé en porte, en chemin ou en berger. Tous ces motifs transmettent de manière globale qui est Jésus et ce que son travail sur terre signifie pour nous. Ce sont des images, ou des symboles. Ces propos ne sous-entendent pas plus de transformation miraculeuse que les mots de l'institution eucharistique lors du dernier repas. Il s'en suit que le pain que Jésus bénit, rompt et donne à ses disciples ne s'est pas transformé miraculeusement en sa propre chair. Que peuvent donc bien vouloir dire ces mots ? Que signifie le geste de la fraction du pain ?

Pour répondre à cette question, allons à la recherche de textes similaires, comme nous l'avons fait pour les paroles sur la coupe. Ces textes ne se trouvent pas cette fois dans l'Ancien Testament, mais bien dans le Nouveau Testament. Il est intéressant de noter que nous retrouvons des formulations identiques dans les environs immédiats de notre texte, à savoir dans l'évangile de Marc lui-même, et qui plus est, de manière répétée. Les lecteurs et lectrices qui ont lu cet évangile depuis le début devraient ici immédiatement penser à d'autres récits, à savoir ceux du miracle de la multiplication des pains qui est rapporté deux fois dans Marc (Marc 6,30–44 et 8,1–9). Voici ce qu'il est dit lors de la première multiplication des pains : « Et il prit les cinq pains et les deux poissons et leva les yeux au ciel, il dit la bénédiction et rompit le pain et le donna à ses disciples » (Marc 6,41). Et dans la deuxième multiplication des pains il est écrit : « et il prit les sept pains et rendit grâce, il les rompit et les donna à ses disciples » (Marc 8,6). Il y a dans les deux récits la même structure à quatre temps :

Prendre le pain (et poissons) – dire la bénédiction/rendre grâce – rompre le pain – donner aux disciples.

HISTORIQUE ET ARRIÈRE PLAN :

Comment les chrétiens lisent-ils la Bible ?

Dans les églises chrétiennes d'aujourd'hui, les textes bibliques sont lus pendant les services religieux. Certaines personnes lisent aussi la Bible à la maison. La pratique courante dans les églises est de lire des extraits de chacun de l'Ancien et du Nouveau Testament qui se correspondent sur certains aspects particuliers. De cette manière, il est clairement exprimé que les écrits sacrés des églises chrétiennes se composent non seulement du Nouveau Testament, mais aussi de l'Ancien Testament. Ce fait a dû être souligné avec insistance au deuxième siècle de notre ère, lorsque Marcion (mort en 160 apr. J.-C.) proposa que le christianisme se distance complètement de l'Ancien Testament.

Toutefois, en raison de la manière habituelle de lire la Bible dans nos églises, les extraits ne sont généralement plus lus dans le contexte plus large de leurs chapitres, ou de leurs livres. Ainsi, le contexte narratif entourant les textes reste souvent ignoré. Beaucoup de ceux qui suivent les lectures bibliques proposées par les églises, ne remarquent donc pas que certains textes reviennent plusieurs fois, sous des formes comparables, comme nous l'avons vu avec le miracle de la multiplication des pains en Marc 6,30–44 et 8,1–9, ou les annonces de la passion de Jésus en Marc 8,31–33 ; 9,30–32 et 10,32–34.

En outre, certaines connections entre les passages peuvent passer inaperçues. Il arrive en effet que les textes soient reliés entre eux par un contenu spécifique, ou par une progression narrative particulière, comme nous pouvons le voir par exemple dans la première annonce de la passion de Jésus en Marc 8,31–33 qui est placée juste après que Pierre ait déclaré que Jésus est le Christ (en hébreu : le Messie), en Marc 8,29. Ça vaut donc la peine de lire les livres de la Bible une fois dans leur entièreté – c'est ainsi qu'ils ont été conçus !

Cette structure correspond aux coutumes juives de l'époque entourant le repas. Elle sera reprise dans le récit eucharistique. Si vous avez lu l'évangile de Marc de manière suivie, vous avez certainement remarqué cette répétition.

La fraction et le partage du pain que Jésus a précédemment béni ne doivent pas être considérés isolément. La communion est clairement reliée aux deux miracles de multiplication de nourriture. Qu'en est-il de ces récits, et comment contribuent-ils à notre compréhension de la fraction du pain lors de la communion ? Tout d'abord, dans l'Ancien Testament et dans l'antiquité, ainsi que dans le judaïsme contemporain, on s'attendait à ce que les envoyés de Dieu, ou les prophètes, puissent miraculeusement rassasier les foules, avec peu de nourriture.[19] Il s'en suit donc que dans les récits de multiplication des pains, Jésus est présenté comme un messager de Dieu. On s'attend par conséquent à ce qu'il ait des pouvoirs spéciaux, et de plus, les disciples ne devraient pas être particulièrement étonnés lorsque, à la suite de la multiplication des pains, Jésus se présente comme maître sur les forces de la nature – il peut maintenant marcher sur la mer et commander à la tempête. Les disciples n'ont cependant pas fait le rapport entre ces évènements. Leur manque de discernement est constaté sur un ton d'où ressort une certaine frustration : « … Ils (les disciples) n'avaient rien compris à l'affaire des pains, mais leur cœur était endurci » (Marc 6,52).[20]

De plus, les histoires de multiplication de pain montrent que

Jésus prend soin des personnes dans le besoin. D'après Marc 6,34 et 8,1, une « grosse foule » s'est à chaque fois rassemblée. Ces mots font généralement référence aux gens simples et de statut social inférieur qui préoccupent particulièrement Jésus. On voit en effet tout au long de sa mission qu'il se consacre en priorité aux gens souffrants et marginalisés. Il soigne les malades (Marc 5,21–34 ; 7,24–30) et les personnes physiquement handicapées (Marc 2,1–12 ; 7,31–37 ; Jean 9) ; il ressuscite même les morts (Marc 5,35–43 ; Jean 11,1–45) ; il sauve une femme condamnée (Jean 7,53 ; 8,11) et pardonne les péchés (Marc 2,5 ; Luc 7,47). Lothar Zenetti décrit cette préoccupation existentielle de Jésus en ces termes concis :

Qui est Jésus pour moi ? – quelqu'un qui est pour moi
À quoi puis-je m'en tenir avec Jésus ? – à ce qu'il me tienne.

Il est également à noter que dans une société où la pauvreté, la souffrance et l'infirmité sont considérées comme des justes châtiments divins (Jean 9,2), les pauvres et les souffrants sont doublement stigmatisés et marginalisés. Mais, Jésus a une vision très différente des choses et prend donc soin des « perdants » de la société. En les soignant, il leur redonne non seulement la santé, mais aussi la dignité en permettant leur intégration dans la société.

Dans les récits de multiplication des pains, la faim symbolise le dénuement humain universel. Du temps de Jésus, la nourriture est limitée – bien plus que dans le monde occidental moderne. Elle est donc d'une plus grande valeur. Le pain symbolise la nourriture en général, mais aussi ce dont les gens ont le plus besoin, ce qui est à l'époque de Jésus – et reste encore aujourd'hui sur la majeure partie de notre planète – la nourriture. Il en va peut-être autrement dans notre monde moderne et occidental. De quoi avons-nous le plus urgemment besoin ? De soins et de compagnie ? De temps ?

Les significations de la communion

La multiplication miraculeuse du temps

Et il vit un peuple immense
Les gens lui firent pitié, et il leur parla
De l'amour irrésistible de Dieu
Comme le soir s'approchait, ses disciples lui dirent :

Seigneur, renvoie ces gens,
Il est déjà tard, ils n'ont pas de temps.
Donnez-leur en donc vous-même, leur dit-il,
Donnez-leur donc de votre temps !

Nous-mêmes n'en avons pas, se dirent-ils,
Et ce que nous avons, ce petit peu,
Comment cela peut-il suffire pour tant de monde ?
Mais, il y avait une personne parmi eux, qui avait

Environ cinq dates de libre, pas plus, pour le cas où,
Et deux quarts d'heure en plus.
Et Jésus prit, avec un sourire,
Les cinq dates qu'ils avaient,

Les deux quarts d'heure dans ses mains.
Il leva les yeux au ciel, il dit
L'action de grâce et la louange,
Puis il fit partager le précieux temps

Par ses disciples à la foule nombreuse.
Et voyez : ce petit peu suffit à présent pour tous.
À la fin, ils remplirent même douze journées complètes
Avec ce qu'il restait de temps,

Ce n'était pas peu.
On dit qu'ils s'étonnèrent.
Car le possible est, comme ils l'ont vu,
L'impossible avec lui.

Lothar Zenetti

Le troisième aspect à noter, est que la première multiplication des pains se situe en net contraste avec l'histoire qui la précède immédiatement, à savoir la mise à mort de Jean le Baptiste (Marc 6,14–29). La décision de cet assassinat est également prise lors d'un repas, une fête du roi Hérode « pour ses dignitaires, les chefs militaires et les notables de la Galilée » (Marc 6,21).

De nos jours encore, bien des décisions, dont dépendent souvent la vie et la mort de populations entières, sont prises lors de banquets et réceptions. La séquence caractéristique de l'histoire de la mort du Baptiste (Marc 6,14–29) et du miracle de la multiplication des pains (6,30–44) tend à indiquer que les banquets luxueux et raffinés peuvent souvent entraîner la perte, la dépravation et la détresse, alors que les repas simples peuvent au contraire être source de vie et de bénédiction.

Le dernier repas se place dans la catégorie des repas simples. Cependant, la bénédiction et la tragédie y sont toutes deux manifestes : c'est un repas qui crée des liens humains et enlève les péchés. Mais la détresse y est présente, également, puisque Jésus annonce la trahison imminente et le reniement.

Il est à noter que les repas constituent souvent le contexte des actions de Jésus. Ainsi la communion se rattache directement aux miracles de multiplication des pains, mais aussi à toutes les autres situations de la vie de Jésus qui ont eu lieu dans le cadre d'un banquet. Il s'agit notamment du repas avec les « nombreux collecteurs d'impôts et pécheurs » dans la maison de Lévi (Marc 2,15–17), l'onction à Béthanie (14,3–9), l'invitation chez Zachée, le chef des collecteurs d'impôts (Luc 19,1–10) ou les noces de Cana (Jean 2,1–11). La communion peut aussi être considérée comme point de référence pour de nombreuses paraboles de Jésus, qui ont un repas comme toile de fond, comme la parabole « du grand repas » (Luc 14,15–24). De même, dans l'histoire du fils prodigue, la pomme de discorde est le banquet de joie que le père miséricordieux organise pour le retour du fils perdu et retrouvé (Luc 15,30).[21]

Quel est le point commun entre la quasi-totalité des repas de Jésus ? Si nous regardons d'un peu plus près les gens que Jésus y rencontre et qui le suivent, nous sommes frappés par leur diversité : en fait, ils constituent une équipe hétéroclite et haute en couleurs ! À travers la foi en Dieu et le baptême, tous ces gens d'origine très diverse forment une communauté. Paul résumera cela plus tard, par les mots suivants : « Il n'y a ni juif ni grec, il n'y a ni esclave ni homme libre, il n'y a ni homme ni femme ; car tous vous ne faites qu'un dans le Christ Jésus » (Galates 3,28).

Le fait que Jésus rassemble des gens très différents est également visible dans son entourage immédiat. Parmi ses disciples, on trouve d'un côté Lévi/Matthieu (Marc 2,14/ Matthieu 9,9), qui est percepteur de taxes, et qui en tant que tel devait généralement coopérer avec les romains. D'un autre côté, il y a aussi Simon, le Cananéen, qui en Luc 6,15 est aussi appelé le « Zélote ». Cela signifie qu'il fait partie d'un groupe de Judée qui est prêt à prendre les armes contre la domination romaine. Cependant Levi/Matthieu et Simon, le Cananéen, suivent tous les deux Jésus. C'est un signe que Jésus ne conduit pas un groupe ésotérique, à savoir un groupe de gens repliés sur eux-mêmes et attirés par des enseignements secrets. Il conduit au contraire un groupe « exotérique », ouvert sur l'extérieur, qui cherche de manière presque agressive à rencontrer l'autre, outrepassant toutes les frontières socialement acceptables. Et cela est particulièrement évident dans les célébrations de repas.

Avec sa conception d'une société ouverte et inclusive, Jésus se distingue de son époque, où la conscience du statut social et une structure strictement hiérarchisée sont à la base de la société. Ses enseignements et sa présence, de même que celle de ses disciples, doivent certainement être considérés comme une provocation. Il est donc prévisible que les conflits avec le reste de la société aillent en escaladant ; et de même, la crucifixion de Jésus est aussi prévisible. Pendant le repas qui précède l'institution de l'eucharistie, Jésus mentionne la trahison qui doit mener à son arrestation (Marc 14,17–21). Ce repas pascal lui-même n'est pas juste un joyeux festin comme les autres. Il est éclipsé par la mort annoncée de Jésus, cruelle et imminente. Cet aspect de la mission, la mort de Jésus, est également représenté dans la fraction du pain. Ce pain dont il dit : « ceci est mon corps » nous ramène au souvenir permanent et à l'approfondissement recueilli de l'histoire du salut, dans laquelle Jésus rend visible la grâce et l'amour de Dieu pour notre monde. À cet égard, Jésus s'est donné pour les autres, afin que ceux-ci puissent vivre.

Ce dévouement est symbolisé de manière unique par la fraction, le partage et la consommation du pain, mais aussi par le partage de la coupe. Pour cette raison, l'Église peut parler de la présence réelle de Jésus lors de la communion.[22] Dans les mots de Michael Welker : « C'est le dévouement créateur en faveur des autres, la façon libre et créatrice de sympathiser avec les autres, qui trouve son expression dans cette identification avec le pain et le vin. Dans le pain partagé lors du repas festif en souvenir du dévouement du Christ, l'essentiel, le décisif, la vérité de la personne du Christ est représenté de manière concentrée ».[23] Cet aspect de la réalisation du souvenir est en partie relié au contexte de la fête de la Pâque. Lors de cette fête juive, la nourriture elle-même constitue une partie symbolique de la commémoration de la libération des Israélites hors de l'esclavage (voir plus haut, p. 56).

JE CONNAIS QUELQU'UN...

Qui s'est laissé trainer dans la boue par nous
Qui s'est laissé gruger par nous
Qui s'est laissé prendre la main dans le sac
Qui s'est laissé faire passer pour un imbécile
Qui s'est laissé faire jouer un tour
Qui s'est laissé mener par le bout du nez
Qui s'est laissé faire avoir
Qui s'est laissé mettre la corde au cou
Qui s'est laissé faire porter sa croix
Qui s'est laissé poignarder dans le dos
Qui s'est laissé mettre le couteau sous la gorge
Qui s'est laissé clouer par nous à sa parole
Qui s'est laissé faire payer le prix
Qui s'est laissé voir au troisième jour
Il a tenu le coup

Lothar Zenetti

Conclusion : Dans la fraction du pain de la communion, nous voyons la convergence des différents miracles de nutrition des foules et les autres scènes de repas présentes dans les évangiles. Celle-ci nous renvoie donc aux aspects centraux de l'activité de Jésus. Les miracles de multiplication des pains en particulier (Marc 6,30–44 et 8,1–9) dévoilent Jésus comme étant l'envoyé de Dieu qui prend soin des gens dans le besoin, quelles qu'en soient leurs origines. Les récits de banquets des évangiles ne cessent de montrer que Jésus recherche la compagnie de ceux qui sont considérés par les autres comme des pécheurs, et qui sont rejetés par la société. Certains de nos jours disent que Jésus a clairement une 'option préférentielle pour les pauvres'. Dans le partage du pain, cette option préférentielle s'exprime de manière allégorique, et devient perceptible. Par conséquent, les actions entourant le pain symbolisent le don de Jésus pour nous, hommes et femmes, et pour ce monde.

Suggestions pour un atelier 2 :

Que signifie la fraction du pain ?

1. *Lisez* Marc 2,13–17 ; 6,30–44 ; 8,1–9 ; Luc 19,1–10 ou jouez ces scènes.

2. *Discussion* : Qu'est-ce que ces scènes ont en commun ? Qui sont les gens que rencontre Jésus ?

3. *Lisez ensuite* Marc 14,22–25.

4. *Discussion* : Dans quelle mesure reconnaissez-vous ici les mots de la communion ?

Le repas collectif comme créateur de communauté

La communion est l'expérience perceptible de la communion avec Jésus et nos « frères et sœurs dans la foi ». Dans le pain et le vin (goûter et voir), la proximité de Jésus, donc sa présence, se manifeste, et à travers elle la connexion des uns avec les autres.

Christel Paladey (46 ans)

Aujourd'hui, nous oublions bien souvent malheureusement que les repas collectifs fondent la communauté. Il en est tout autrement dans l'antiquité. Dans la Grèce antique, une maisonnée mange ensemble, et les étrangers ne peuvent pas facilement s'immiscer. D'ailleurs Aristote appelle les membres d'une maisonnée « *homokapoi* », à savoir « ceux qui mangent à la même table ». Quand un étranger est invité, il est d'abord conduit vers le foyer, ou la cheminée, qui est le centre de la maison, puis il est invité à prendre part au repas. Cette personne devient ainsi un membre de la famille, et c'est seulement après que les contacts peuvent avoir lieu. Les traditions de la table définissent donc qui appartient à un groupe, et qui n'y appartiennent pas. À cause de cela, de copieux banquets, appelés *symposiums* sont fréquemment organisés dans le monde gréco-romain de l'époque. Il est important d'y participer, car c'est à ces occasions que se créent et se cultivent les contacts sociaux. De plus, la réputation d'individus ou de familles entières dépend en grande partie de chez qui ils sont invités. Des pratiques similaires sont toujours en cours dans d'autres cultures et sociétés. Les anthropologues appellent « rites d'incorporation » ces partages collectifs de nourriture et de boisson.

Dans les temps anciens, il est en outre bien connu que le pain rompu ensemble engage ceux qui le consomment à une union indissoluble. Il est ainsi d'usage, dans l'empire romain, que l'homme et la femme mangent ensemble le même morceau de pain lors de leur mariage. Ce pouvoir symbolique de création de liens sociaux accordé à la consommation du pain se retrouve d'ailleurs dans le mot « compagnon », qui vient du latin « *companio* », créé à partir des mots « *cum* » (avec) et « *panis* » (pain). Ainsi, étymologiquement, un compagnon, ou une compagne, est quelqu'un avec qui on mange le pain.

Il en est de même pour Israël et le judaïsme antique. Leur cycle annuel traditionnel comporte différentes fêtes (Exode 23,14–19 ; Lévitique 23 ; Nombres 28–29 ; voir p. 83). Celles-ci provoquent la plupart du temps des festivités pendant lesquelles on mange et on boit beaucoup ensemble. À ces occasions, les gens se confortent sur leur propre identité, et établissent ou entretiennent des liens. La même chose est encore vraie aujourd'hui dans de nombreuses tribus indiennes d'Amérique du nord qui se rencontrent le plus souvent lors de « pow-wow » annuels. On y joue des tam-tams, on y danse, on y mange, et c'est souvent à ces occasions que sont prises des décisions importantes, politiques ou autres. Dans la culture occidentale moderne, les célébrations sont principalement des célébrations familiales, organisées autours d'occasions spéciales comme Noël, Pâques, l'Action de grâce ou les principales étapes de la vie (naissance, baptême, mariage, décès, etc.). Elles définissent qui fait partie de la famille et qui n'en fait pas partie.

Du temps de Jésus, les gens était très conscients du pouvoir du « manger ensemble » dans la création identitaire et communautaire. Il n'est donc pas étonnant que Jésus soit si vertement critiqué lorsqu'il mange avec des collecteurs d'impôts et des pécheurs (Marc 2,16). Il y a en arrière plan l'inquiétude qu'une relation durable pourrait s'établir avec les exclus de la société. Pour Jésus cependant, cette communauté établie par-dessus les frontières sociales est simplement l'expression du royaume de Dieu sur la terre. Dans sa correspondance avec la communauté de Corinthe, Paul parle plus tard de ces effets, en relation avec la communion :

> « La coupe de bénédiction que nous bénissons, n'est-elle pas la communion au sang du Christ ? Le pain que nous rompons, n'est-il pas la communion au corps du Christ ? Puisqu'il y a un seul pain, nous qui sommes plusieurs, nous sommes un seul corps ; car nous participons tous à un même pain » (1 Corinthiens 10,16–17).

Boire et manger permet donc de créer des liens entre les gens. D'après Paul, le pain de la communion est appelé « le corps du Christ », tout comme ceux qui le consomment (1 Corinthiens 12,12–31). Le contact humain et l'intégration des gens sont les caractéristiques décisives de la mission de Jésus. Qui prend part à la communion se souvient de Jésus et de sa vie, et aussi qu'il est mort parce qu'il ne se conformait pas toujours aux attentes des autres.

Dans la société fast-food moderne, le sens de cette dimension collective de la nourriture a malheureusement largement disparu. Mais on trouve encore des exemples

isolés du pouvoir d'unification d'un repas pris en commun :
en juillet 2009, le président des États-Unis, Barack Obama,
a essayé de résoudre un conflit entre Henry Louis Gates,
professeur à Harvard University, et James M. Crowley, un
policier de Cambridge, Massachusetts, par une invitation à
un repas. Crowley avait précédemment arrêté Gates, qui est
d'origine africaine, par erreur devant son propre domicile,
pensant que c'était un cambrioleur. L'affaire avait fait les
manchettes aux USA en raison de motivations supposées
racistes à l'arrestation. Le Président Obama lui-même avait
au début exprimé des critiques envers Crowley. Finalement,
pour apaiser les esprits, il a décidé d'inviter Gates et Crowley
à un repas en commun à la Maison Blanche, à Washington,
D.C. Ce geste n'a pas manqué son effet réconciliateur !

Partager la nourriture permet également de nouer des
liens d'une manière tout à fait fondamentale, et cela alors que
d'autres formes de communication sont impossibles. Nous
en faisons chaque fois l'expérience à la naissance d'un enfant.
Comment peut-on entrer en contact avec un nouveau-né ?
Nous savons bien qu'il faudra attendre plusieurs mois
avant de pouvoir parler avec l'enfant. En attendant, l'amour
et l'attention parentale doivent s'exprimer d'une autre
manière, notamment par l'allaitement ou la préparation
d'aliments adaptés à l'âge de l'enfant. Cela montre aussi
à qui il/elle appartient, parce que la nourriture sera
principalement fournie par les parents ou les personnes ayant
la responsabilité de l'enfant. Les liens sociaux se révèlent
à travers les manières de se nourrir : ceux qui mangent
ensemble vont ensemble !

Nous pouvons également remarquer que la nourriture,
en tant que forme la plus élémentaire de compréhension
de ce monde, permet même la communication entre
différentes espèces. Cela est frappant dans le fait de nourrir
les animaux : Avec les poissons, les oiseaux ou autres, et mis

à part les animaux domestiques spécialement entrainés, la communication n'est guère possible. La plupart des animaux fuient même, lorsque des humains s'approchent. Cependant, nous avons tous fait l'expérience d'animaux qui reviennent vers nous lorsque nous sortons de la nourriture. Ainsi, une « rencontre d'un autre type » est alors possible, même avec les canards du parc municipal ou les poissons dans l'aquarium.

La vie sur cette terre se caractérise par la diversité des êtres vivants, et aussi par les frontières que les humains placent entre eux, basées sur la nationalité, la langue maternelle, le statut social, l'appartenance religieuse ou politique, le sexe, l'âge... Il n'est pas rare que des conflits et parfois des guerres éclatent aux confins de ses frontières sociales. À cet égard, les repas collectifs et les célébrations festives permettent de surmonter ces limitations et barrières. Et c'est exactement ce que Jésus a créé dès le départ avec la communion : une institution dont le but est d'exprimer l'amour de Dieu pour tous.

Cet amour divin peut se manifester sur terre. Luc décrit, par exemple, comment les premiers chrétiens se rencontrent dans leurs propres maisons où ils « rompaient le pain ... et mangeaient leur nourriture avec joie » (Actes 2,46). Il n'est pas surprenant que le partage de la bonne nouvelle de l'amour de Dieu ait eu un tel effet sur les premiers chrétiens.

Sans toi
le grand voyageur
et tes empreintes décisives dans le sable
Nous n'avançons pas d'un pas

Sans toi
et ton regard radieux fait de lumière
qui ouvrit les yeux des aveugles
s'éteignent les bougies de nos autels

Les significations de la communion

Sans toi
et l'irrésistibilité
de ta douce voix qui nous appelle à partager,
le pain nous manque encore aujourd'hui

Sans toi
généreux invité
des joyeuses noces de Cana
notre vin ne suffit pas pour la fête sans fin

Lothar Zenetti

Ceux qui participent à la communion appartiennent au corps du Christ et sont les enfants de Dieu. La grâce de Dieu devient ainsi visible et perceptible par les sens. Cela nous rappelle que la grâce et l'amour de Dieu pour les gens ne sont pas uniquement accessibles par le catéchisme, ou les sermons. Ce n'est pas en premier lieu par la compréhension intellectuelle que ceux qui participent à la communion font l'expérience de la grâce et de l'amour de Dieu, mais plutôt d'un côté par les sens, et de l'autre par un phénomène social, à savoir l'intégration dans une communauté. Ainsi les gens font l'expérience de la grâce et de l'amour de Dieu d'une manière que la plupart d'entre eux ne sont pas en mesure d'articuler ni même de réaliser. Ces expériences font partie intégrante de suivre le Christ.

Ajoutons une dernière suggestion à ces considérations : quand la communion est, dans les faits, au centre de la théologie et de la piété chrétienne, cela conduit les chrétiens à ne pas se comporter vis à vis des autres, et particulièrement les exclus ou les marginaux de notre société, de manière doctrinale. Vouloir convaincre et endoctriner ne sert de toute façon qu'à manifester une prétendue supériorité. Quand nous sommes marqués par la communion, nous rencontrons les autres, tous les autres, en les invitant à célébrer. De telles célébrations font partie de la sphère de l'expérience, du partage et de la joie commune.

Conclusion : Comment « *manger ensemble* » crée-t-il une communauté humaine ? *Dans* l'antiquité gréco-romaine les *symposiums* (des banquets fastueux) sont des occasions pour nouer et entretenir des liens. Il en est de même pour les différentes fêtes annuelles qui sont célébrées dans l'ancienne tradition juive. La nourriture permet également de créer des contacts là ou d'autres formes de communications ne sont pas possibles. Dans la communion, Jésus a instauré un repas ritualisé à rebours de la tendance humaine endurante *à exclure l'*autre, pour quelque motif que ce soit. La communion exprime ainsi le fait que Dieu est présent pour tous.

Suggestion pour un atelier 3 :

Le repas collectif comme créateur de communauté

Regardez le film « le festin de Babette » (le titre danois original est « *Babettes Gæstebud* ») de Gabriel Axel, qui a gagné un oscar en 1987. Vous pouvez aussi lire le roman de Karen Blixen, d'où a été tiré le film. Le roman et le film traitent de ce qu'un repas préparé avec amour – et aussi beaucoup de dépenses et d'efforts – peut réussir : il peut aider à ramener l'unité et la joie à un groupe de personnes, et particulièrement des personnes très pieuses, qui étaient divisées par une méfiance réciproque.

1. Discussion : avez-vous déjà fait l'expérience de repas vécus comme une occasion d'établir ou de rétablir l'unité dans un groupe de personnes ?

2. Discussion : Y a-t-il dans votre voisinage, église ou famille, des gens qui pour une raison ou une autre

sont en désaccord entre eux ? Et vous, y a-t-il des gens que vous préférez éviter ? Que pourrait être fait pour réconcilier ces gens ?

Résumé : la communion des premiers chrétiens

Ni dans la Bible, ni dans l'Église chrétienne il n'y a d'interprétation uniforme et unanime de la célébration du pain et du vin. Cependant, nous avons pu répertorier dans cette étude toute une série d'aspects bibliques qui offrent chacun à leur manière un éclairage de la communion.

Il nous est ainsi clairement apparu que la communion doit, d'un côté, être comprise comme un repas ritualisé. Puisque tous les êtres humains prennent part régulièrement à des repas, la symbolique de la communion est fondée sur des principes accessibles à tous. Manger permet particulièrement une forme de prise de contact élémentaire qui agit contre les exclusions de toutes sortes.

D'un autre côté, la communion provient aussi de traditions religieuses de l'Ancien Testament et du judaïsme contemporain à Jésus. Boire à la coupe est ainsi lié au concept d'expiation. Les mots « ceci est mon sang de l'alliance » citent un texte central de la Torah, celui de l'alliance que Dieu a scellée avec les Israélites sur le mont Sinaï. Il explique comment les péchés sont pardonnés grâce à l'aspersion de sang des animaux sacrifiés, ce qui rend les Israélites saints et consacrés. Cette référence explicite suggère que boire le vin, qui représente la vie de Jésus, doit être compris de manière analogue. Qui boit à la coupe est consacré et appartient au peuple de Dieu. Lors de la communion, une nouvelle alliance entre Dieu et le communiant est ainsi conclue.

Mais le dernier repas que Jésus et ses disciples célèbrent est également un repas pascal et fait donc partie des traditions judaïques contemporaines. La Pâque célèbre et entretient le souvenir de la sortie d'Égypte des Israélites et leur libération de l'esclavage. Dans ce contexte, la consommation du pain doit surtout être comprise comme un acte de commémoration symbolique, au centre duquel se tient désormais la personne de Jésus. Durant son ministère, Jésus prend position pour les pauvres et les marginalisés. Cette dimension de son action est particulièrement visible et récurrente lors des repas que Jésus célèbre souvent en compagnie de ceux que d'autres qualifient de « pécheurs ». Avec de telles préférences, Jésus remet fondamentalement en question les normes religieuses et sociales. Il en résultent des conflits avec les autorités religieuses et politiques de son temps que Jésus n'essaie pas d'éviter, et qui finissent par le conduire à la crucifixion. Le fait que Jésus s'est offert pour les exclus de ce monde est symbolisé dans la bénédiction, la fraction, le partage et la consommation du pain qui est son corps. À cet égard, Jésus est présent dans la communion chrétienne. Ces réflexions montrent que la coupe et « le sang de la (nouvelle) alliance » se réfèrent principalement aux concepts de l'expiation présents dans l'Ancien Testament, alors que la fraction du pain se réfère à la mission de Jésus racontée dans le Nouveau Testament, et spécialement dans les évangiles.

Chapitre 4

LA COMMUNION DANS LA PRATIQUE DE L'ÉGLISE MODERNE

L'eucharistie est un trou dans l'univers qui nous connecte à Dieu et à toute la création, transcendant le péché, la douleur, la séparation et notre nature déchue, nous ramenant à l'unité.

Paul Blaser

Récemment, alors que j'étais en vacances, j'ai rencontré un « Pasteur de cure thermale » en Bavière qui a expressément invité tous les gens à la communion, indépendamment de leur confession ou de leur âge. Auparavant, ceux qui ne se sentaient pas à l'aise de participer à la communion quittaient souvent l'église en temps voulu ; cela s'est encore néanmoins partiellement passé à cette occasion.

Témoignage anonyme

D ans ce chapitre final, nous allons tenter d'appliquer les aspects fondamentaux de la communion que nous avons décrits dans les chapitres précédents aux pratiques religieuses des différentes églises et confessions chrétiennes d'aujourd'hui. De quelle manière et dans quelle mesure nos liturgies transmettent-elles ce qu'est la communion, relativement à ses fondements bibliques ? Les observations suivantes ne sont certainement pas exhaustives. Elles veulent plutôt donner quelques suggestions dans le but d'identifier certains aspects fondamentaux de la communion lors des services religieux.

1. *Communion et proclamation biblique* : Nous avons montré dans les chapitres précédents que le partage du pain se rattache à l'histoire de Jésus, tandis que la coupe de « la nouvelle alliance » reprend le concept sacerdotal de l'expiation, tel qu'il est décrit dans l'Ancien Testament. Nous voyons donc que les deux composantes de la communion proviennent chacune de traditions bibliques différentes. C'est la raison pour laquelle tous les services chrétiens relient habituellement la célébration de la communion avec la lecture et la prédication de ces écrits. C'est la seule garantie que la symbolique de la communion reste compréhensible pour les gens d'aujourd'hui. Et c'est aussi la garantie que le partage du pain et du vin demeure un geste fait « en mémoire » de Jésus (1 Corinthiens 11,24–25). C'est pourquoi toutes les célébrations comportant du pain et du vin ne sont pas nécessairement des célébrations eucharistiques. C'est la relation entre la lecture des écritures, la proclamation de la parole et les rites relatifs au pain et au vin qui en forment les éléments constitutifs.

2. *Communion et textes bibliques* : De larges passages
   du Nouveau Testament sont lus au moment précis
   de la consécration eucharistique. D'autres textes
   sont bien sûr également intégrés dans d'autres
   parties du service, comme par exemple la prière
   du « Notre Père », repris de Matthieu 6,9–13. Mais
   nous ne retrouvons nulle part ailleurs des extraits
   aussi larges qu'au moment de la préparation à
   l'eucharistie. De plus, généralement ceux-ci ne sont
   pas simplement lus. Ils s'accompagnent de gestes
   qui mettent en scène la préparation du pain et du
   vin qui sera ensuite partagé entre les participants
   au service religieux. Ainsi, cette partie du service
   est encore aujourd'hui identifiée comme étant le
   point culminant et le centre de la célébration.

   Il faut également souligner que, ce faisant,
   nos églises suivent un script explicite : « Faites
   ceci en mémoire de moi », dit Jésus lors de son
   dernier repas en leur donnant le pain et le vin
   (1 Corinthiens 11,24–25). Il est donc tout à fait
   approprié de faire la même chose et d'offrir le pain
   et le vin à nos congrégations.

3. *Communion et communauté de Dieu* : Dans
   les textes bibliques qui forment la base de la
   célébration eucharistique se trouvent les mots de
   l'institution sur le pain et le vin : « ceci est mon
   corps, qui est pour vous » et « ceci est mon sang de
   l'alliance » ou « cette coupe est la nouvelle alliance
   dans mon sang (qui est versé pour beaucoup) »
   (voir plus haut Vue d'ensemble 1, p. 34). Avec
   ces mots, Jésus indique comment il comprend
   lui-même la communion, et comment il voulait
   qu'elle soit comprise par les autres. Ces mots sont

déterminants dans les célébrations eucharistiques des chrétiens d'aujourd'hui, et devraient être appréciés comme tels.

Notons ici un détail important mais qui pourrait cependant sembler secondaire : le pain est « (donné) pour vous » et le vin est « versé pour beaucoup ». Dans les textes bibliques sur la communion, le « pour toi », le singulier, n'apparaît jamais. Cela est également vrai avec d'autres déclarations similaires sur la rédemption et le salut. Ce détail est par exemple manifeste dans la lettre aux Romains, où ceux à qui s'applique le salut sont adressés en tant que communauté : « Si Dieu est *pour nous*, qui peut être *contre nous* ? » (8,31). D'autres déclarations semblables sont toujours rapportées au pluriel (par exemple Romains 5,6.8.9 ; 1 Corinthiens 15,3 ; 2 Corinthiens 5,14–15 ; Éphésiens 5,1–2).

En revanche, de nos jours, il n'est pas rare de dire, lors de la distribution du pain et du vin : « Le corps de Christ donné pour *toi* – le sang du Christ versé pour *toi* », ou d'autres formules plus ou moins individualisées selon les confessions. Ce choix de formule laisse accroire que la communion, ou le salut chrétien est valable en premier pour les individus. Cependant, la communion est au contraire toujours une invitation aux individus à se regrouper. Dans une communauté d'hommes et de femmes qui se rencontrent, s'ouvrent les uns aux autres, lisent ensemble les textes bibliques pour chercher à comprendre et à rencontrer Dieu, et qui célèbrent, mangent et boivent ensemble, le salut devient, à sa façon, réel et tangible. « Venez et voyez que le Seigneur est bon ».

4. *Diverses formes de la célébration eucharistique* : Il y a plusieurs manières d'organiser la distribution de la communion. Dans certaines églises, les fidèles s'alignent en files plus ou moins longues afin de s'approcher graduellement de la zone de l'autel, ou le pain et le vin (le cas échéant) seront partagés. Certaines églises imposent à leurs fidèles de s'agenouiller (ou rester debout selon la condition physique) devant l'autel même, pour y recevoir le pain et le vin. Dans les deux cas, il est à noter que les fidèles peuvent s'approcher du lieu le plus saint, qui est naturellement l'espace où demeure le prêtre, le pasteur ou la pasteure, le pope orthodoxe, ou autre ministre du culte, et d'où il ou elle conduit le service religieux.

Lors de la communion, les fidèles peuvent s'approcher aussi près que possible de l'espace privilégié de l'autel, qui est considéré comme particulièrement saint. Ce privilège peut s'expliquer par l'accès à la coupe, qui contient « le sang de l'alliance » et a un effet expiatoire. Par conséquent, boire à la coupe provoque le pardon des péchés (Matthieu 26,28) et sanctifie le fidèle (voir plus haut, p. 71). L'action de se rapprocher du lieu saint de l'autel est comparable d'une certaine manière à l'alliance au mont Sinaï, où les Israélites ont pu grimper sur la montagne sacrée et célébrer un repas en présence de Dieu (voir plus haut p. 68).

L'alternative est que les fidèles restent à leur place au lieu de s'approcher de l'autel lors de la communion. Ils se font passer le pain et le vin les uns aux autres, en prononçant chacun les mots de l'institution (ou un passage biblique). Cette

---

HISTORIQUE ET ARRIÈRE PLAN :

Espaces sacrés et sainteté

Les bâtiments ou les lieux dans lesquels les fidèles se réunissent pour le service religieux et adorer Dieu sont considérés comme saints, ou sacrés (du latin « sacrum » : « saint, délimité »). Dans ces bâtiments, les espaces ne possèdent pas tous le même degré de sainteté. Pour simplifier, la zone où les fidèles se tiennent pendant le service est la moins sacrée. La zone d'où le/la ministre du culte conduit la célébration est au contraire reconnue comme plus sacrée. Dans cette zone, se trouvent donc des objets qui eux-mêmes sont considérés comme particulièrement sacrés, comme par exemple l'autel, la Bible ou une grande croix ou crucifix. Dans les églises catholiques, on y retrouvera par-dessus tout le tabernacle, dans lequel seront conservées les hosties consacrées, qui, selon la foi catholique, sont le corps réel du Christ.

Dans la plupart des cas, la zone de l'autel est surélevée, et accessible par des marches. Il n'est pas rare qu'elle soit spécialement recouverte de tapis, parfois rouges, et qu'elle soit délimitée par des mains courantes, des balustrades ou des rampes. Tout cela signale la sainteté particulière de cet espace, et indique que les fidèles « normaux » n'y ont pas un accès à volonté.

---

pratique s'explique de son côté par le fait que chaque fidèle est individuellement consacré par le pardon des péchés effectif dans la communion. Ils sont ainsi rendus semblables aux prêtres qui dans le culte du temple judaïque étaient en effet consacrés et ordonnés par un rite de sang expiatoire (Exode 29,19–21 ; Lévitique 8,23–24 ; voir plus haut p. 66). En raison de cette consécration, les fidèles, après avoir eux-mêmes reçu le pain et le vin, peuvent désormais occuper des offices « sacerdotaux » et prendre une part active à la distribution.

5. *Communion et expiation* : Nous constatons que des thèmes comme sacrifice ou expiation sont souvent incompris de nos jours, et sont même parfois rejetés. C'est pourquoi il est conseillé d'étudier les textes bibliques qui en sont à la base, et d'en éclaircir les concepts pour les membres de la communauté. Il est aussi possible d'utiliser ces éclaircissements, occasionnellement, lors de la communion. C'est ce qu'a fait le pasteur de l'Église Évangélique Luthérienne d'*All Saints*, à Kelowna, au Canada, lorsqu'il décida d'employer les termes « présence » et « vie » au lieu de « pain » et « vin ».[24] Les nouveaux membres de la communauté, qui étaient peu familiers avec les conventions linguistiques ecclésiastiques ou bibliques, ont accueilli ses changements avec joie. Il faut bien sûr être conscient qu'une terminologie explicative ne pourra jamais couvrir la totalité des aspects qui sous-tendent un terme symbolique. Et bien sûr, il y a toujours le danger d'institutionnaliser des malentendus, à cause de termes alternatifs discutables, ou de perdre de vue la tradition des textes bibliques. Ce dernier point peut néanmoins également se produire lorsque des terminologies désuètes sont utilisées sans faire l'effort d'en explorer et d'en expliquer le sens.

6. *Communion et convivialité* : Dans les églises d'Amérique du Nord, en particulier, il est de coutume d'offrir un « *fellowship time* », ou « moment de camaraderie et de socialisation » régulier après le service du dimanche. À ces occasions du café, des jus et des biscuits sont offerts, et les participants au service sont encouragés à s'attarder quelque peu dans la salle paroissiale pour se rencontrer et discuter. À l'occasion, un repas peut être préparé pour tout le monde et proposé après le service. Ces pratiques semblent renouer avec la situation des églises primitives, puisqu'à cette époque la communion était encore associée à un copieux repas (voir plus haut, p. 16 et p. 27). D'un côté, cela permet aux gens de tisser des liens personnels. D'un autre côté, les membres dans le besoin, peuvent manger à leur faim.

7. *Jeûner avant la communion ?* Dans certaines églises et confessions, les fidèles sont priés de se présenter à jeun à l'eucharistie. Quelque soit la raison qui puisse être derrière cette exigence, une chose est claire : il n'y a nulle part dans la Bible une telle directive. De plus, cette pratique est en contradiction avec le dernier repas de Jésus, et avec les pratiques de l'Église primitive. En effet, dans les deux cas, la communion est offerte dans le contexte d'un repas plus complet, et donc, logiquement, plus personne n'est à jeun lors du partage eucharistique.

8. *Fréquence de la célébration eucharistique* : Tandis que la plupart des chrétiens sont d'avis que la célébration eucharistique est le climax du service religieux et un sacrement, tous n'observent pas

cette célébration avec la même régularité. La Bible ne donne pas d'indication claire sur la fréquence des célébrations, néanmoins, selon Actes 2,42, la communauté chrétienne primitive écoutait l'enseignement des apôtres, se rencontrait, partageait le pain et priait. Le texte suggère également que ces différentes activités étaient fréquentes et indissociables.

De nos jours, certaines églises offrent une célébration eucharistique quotidienne ; pour d'autre, la communion fait partie du service hebdomadaire ; parfois elle est célébrée plus rarement, jusqu'à quatre fois par an. Les Témoins de Jéhovah quant à eux, considèrent la communion premièrement comme faisant partie de la tradition pascale, et en conséquence, ne communient qu'une fois par an (voir p. 8). Cela montre une fois de plus, que les différentes églises et confessions n'ont jamais pu trouver une interprétation unique de la communion. Ces interprétations concurrentes déterminent, entre autre, la fréquence et le calendrier de cette célébration.

9. *Participation à la communion* : Qui a le droit de participer à la communion ? D'après les évangiles, Jésus est souvent invité à manger par des pécheurs et autres pariahs de la société. Par dessus tout, il aime à fréquenter toutes sortes de gens. Ses partisans forment par conséquent un cortège varié et haut en couleur (voir p. 97) et exotérique, c'est à dire tourné vers l'extérieur. L'amour de Dieu, sans limite et adressé à tous, est ainsi manifesté. Même Judas, qui va le trahir, n'est pas rejeté lors du dernier repas. Les évangiles présentent

également la communion comme une fête ouverte et invitante, et non pas comme un événement réservé à quelques personnes particulières ou spécialement choisies. La communion n'est pas une institution de l'exclusion.

Il m'est arrivé une fois d'être exclu de la communion, il y a de nombreuses années de cela, dans une église à Boston (USA). Après trois heures de célébration, la communion débuta. Les fidèles se placèrent en une longue file. À mon grand étonnement, le ministre me demanda, au moment de distribuer le pain, si j'appartenais à cette confession particulière. Je répondis, en anglais : « Je suis chrétien ». Le ministre répéta sa question, et je répondis cette fois : « Je suis un chrétien protestant ». À ce moment, le ministre me renvoya à ma place, sans me laisser prendre part à la communion. Il n'est pas dans mon propos de commenter mon état d'esprit à ce moment-là, néanmoins, cela me semble être clairement un abus du sacrement eucharistique lorsque les chrétiens qui ont précédemment été admis au service religieux, sont rejetés lors de la communion. Ces réflexions sont tout aussi valables dans les cas où les chrétiens sont exclus de leurs propres églises, dû à des critères internes particuliers. La communion devrait être fondamentalement ouverte à tous les baptisés – et pas uniquement le reste du service religieux, ce qui ne fait que manifester l'exclusion des gens.

10. *Communion et mission* : Il est évident que la manière dont ces questions sur la communion sont traitées en pratique est plus qu'une préoccupation

ou un jeu théologique. Ces questions ont des conséquences réelles et des répercussions plus larges. Elles déterminent entre autre comment les églises traitent les exclus et les marginaux. Par conséquent, elles sont un indicateur important dans le domaine de la mission. De plus, si notre pratique eucharistique reflète la conception réelle de notre église sur le pardon des péchés, elle détermine également comment les autres perçoivent notre engagement à ce sujet. De cette pratique dépend donc en grande partie comment nos églises et nos célébrations de la bonne nouvelle de Jésus sont perçues par l'« extérieur ». Elle détermine si l'amour de Dieu qui est à l'œuvre parmi nous est perceptible dans nos églises ; car c'est cet amour qui nous invite tous, hommes, femmes et enfants, au banquet du Seigneur.

INFORMATION SUR INTERNET :

L'encyclopédie collective en ligne *Wikipédia* propose des articles intéressants sur le sujet de ce livre. Voici une petite sélection :
- « Eucharistie »
- « Communion »
- « Cène »
- « Expiation »
- « Sacrifice »
- « Pâques »
- « Passion du Christ »

Récapitulatif des suggestions pour les ateliers

Suggestions pour un atelier 1 :

Que signifie le « sang de la nouvelle alliance » ?

1. *Lisez* Exode 24,1–11 ; Exode 29,19–21 ; Lévitique 14,10–20. Vous pouvez également jouer ces scènes. Chaque groupe peut mettre en scène un texte différent.

2. *Discussion préalable* : Quelles sont les actions rituelles communes à ces textes ? Que produisent ces actions selon les textes ?

3. *Discussion suivante* : Dans quelle mesure ces scènes vous aident-elles à comprendre le texte de l'instauration de l'eucharistie, en Marc 14,22–25, et, par extension la liturgie eucharistique dans votre église ?

Suggestions pour un atelier 2 :

Que signifie la fraction du pain ?

1. *Lisez* Marc 2,13–17 ; 6,30–44 ; 8,1–9 ; Luc 19,1–10 ou jouez ces scènes.

2. *Discussion* : Qu'est-ce que ces scènes ont en commun ? Qui sont les gens que rencontre Jésus ?

3. *Lisez ensuite* Marc 14,22–25.

4. *Discussion* : Dans quelle mesure les mots de la communion sont-ils ici reconnaissables ?

Suggestion pour un atelier 3 :

Le repas collectif comme créateur de communauté

1. Regardez le film « le festin de Babette » (le titre danois original est « *Babettes Gæstebud* ») de Gabriel Axel, qui a gagné un oscar en 1987. Vous pouvez aussi lire le roman de Karen Blixen, d'où a été tiré le film. Le roman et le film traitent de ce qu'un repas préparé avec amour – et aussi beaucoup de frais et de travail – peut réussir : il peut aider à ramener à l'unité et à la joie un groupe de personnes, et particulièrement des personnes très pieuses, qui étaient divisées par une méfiance réciproque.

2. Discussion : avez-vous déjà fait l'expérience de repas qui sont des occasions pour rencontrer les gens, ou pour faire se rencontrer des personnes différentes ?

3. Discussion : Y a-t-il dans votre voisinage, église ou famille, des gens qui pour une raison ou une autre sont en désaccord entre eux ? Et vous, y a-t-il des gens que vous préférez éviter ? Que pourrait être fait pour réconcilier ces gens ?

L'endroit du dernier repas de Jésus : le cénacle

D'après Marc 14,14–15, Jésus et ses disciples ont partagé le dernier repas dans une pièce décrite comme « une grande salle à l'étage, aménagée (avec des coussins) et toute prête ». Elle est connue sous le nom de « cénacle », du latin *cenaculum*, qui signifie salle à manger. Cette pièce est située à Jérusalem, sur le mont Sion. Les photographies suivantes montrent une pièce à cet emplacement, aujourd'hui identifiée comme le cénacle.

Le cénacle est situé sur la gauche de cette
cour, sur le mont Sion, à Jérusalem.

L'endroit du dernier repas de Jésus : le cénacle

L'entrée du cénacle

Invités au banquet du Seigneur

La fenêtre du cénacle

L'intérieur du cénacle

La date de construction du bâtiment actuel est difficile à déterminer. Les colonnes, les piliers et le plafond voûté de style gothique de la salle ainsi que d'autres considérations historiques rendent plausible une date comprise entre le 12ème et 13ème siècle, lors de l'occupation franque de la Palestine, pendant la période des croisés. La pièce d'origine a pu être rénovée ou reconstruite par la suite.

Crédits : Poésies de Lothar Zenetti

Poésie
Was Jesus für mich ist ?
Die wunderbare Zeitvermehrung
Dans : Lothar Zenetti, *Auf Seiner Spur. Texte gläubiger Zuversicht*, Mainz : Matthias Grünewald, 2002.
Traduction française de Véronique A. Eberhart.

Lied zur Eucharistie
Ohne Dich
Dans : Lothar Zenetti, *Sieben Farben hat das Licht. Texte, die den Tag begleiten*, Munich : Pfeiffer, 1987.
Traduction française de Véronique A. Eberhart.

Notes

1. À cet égard, veuillez consultez les livres suivants qui ne sont malheureusement pas disponibles en français : *Kultmetaphorik und Christologie. Opfer- und Sühneterminologie im Neuen Testament* (Wissenschaftliche Untersuchungen zum Neuen Testament Nr. 306), Tübingen : Mohr Siebeck, 2013 ; *The Sacrifice of Jesus : Understanding Atonement Biblically*, Eugene, Oregon : Wipf & Stock, 2018.

2. Les plus vieux manuscrits de l'évangile de Marc se terminent sur le récit du tombeau vide (Marc 16,1–8). Ce qu'on appelle *la conclusion de Marc* (16,9–20) qui parle des apparitions et de l'ascension de Jésus (ou parfois une autre conclusion, encore plus courte) a été introduite plus tardivement.

3. Les traductions sont de l'auteur, à partir des textes originaux grecs ou hébraïques. Il m'est très important de respecter avec exactitude le texte original, même si cela doit se faire occasionnellement au détriment du style. Cette exactitude se manifeste par exemple en Marc 14,22 et 14,23. Dans ces deux phrases, je n'ai pas simplement traduit deux fois « remercia » (comme c'est le cas dans plusieurs traductions courantes), mais j'ai suivi le texte grec qui nous donne deux mots différents ayant chacun un sens différent. Les mots ajoutés pour la compréhension générale du texte sont entre crochets.

4. Le livre de la Genèse est également appelé « le premier livre de Moïse », et le Deutéronome « le cinquième livre de Moïse ».

5. Voir chapitre 3, page 43.

6. Pour une définition du péché ou des pécheurs, voir p. 61.

7. Voir chapitre 3, p. 43.

8. Voir p. 98 et p. 110.

9. Dans l'Église catholique romaine, l'expression « le sacrifice de la messe » est également souvent utilisée. Elle se réfère spécifiquement à l'idée que le pain et le vin, au moment où le prêtre prononce les paroles de la consécration, deviennent de fait le corps et le sang de Jésus.

10. D'après les textes du Nouveau Testament, le repas que Jésus a célébré n'était pas le repas pascal principal. Il est probable que Jésus et ses disciples aient célébré une Pâque moins formelle, pendant la semaine réservée aux préparatifs. Les directives de l'Ancien Testament disaient explicitement qu'uniquement du pain non levé devait être utilisé lors de la fête de la Pâque véritable (Exode 12,8.39). Le pain que Jésus a utilisé et partagé avec ses disciples était fait avec du levain, comme le mot *artos* (et non *azymos*, qui aurait clairement indiqué le pain « azymes », ou sans levain) en Marc 14,22 le laisse entendre. Ce pain était strictement interdit durant la fête pascale. À cette remarque se rajoute le fait que Jésus, selon le plan de ses ennemis, devait mourir avant la fête de la Pâque (Marc 14,1–2). La crucifixion a donc lieu « le jour de la préparation » qui est le jour avant la fête de la Pâque (15,42).

11. Le livre de l'Exode est également appelé « le deuxième livre de Moïse ».

Notes

12. Le Lévitique est également connu comme le « troisième livre de Moïse ».

13. Cela est différent dans de nombreux pays africains ou asiatiques où des sacrifices sont encore régulièrement pratiqués de nos jours. Par exemple l'Hindouisme brahmanique en Inde offre une variété de rituels qui ont été diversement comparés à ceux de l'Ancien Testament ou du judaïsme.

14. Le livre de Nombres est aussi appelé « le quatrième livre de Moïse ».

15. La question sur ce que les disciples auraient dû comprendre lors de la multiplication des pains sera adressée plus tard (voir p. 93).

16. L'expression hébraïque « Yom Kippour » est généralement traduite par « jour du Grand Pardon », ou, moins communément, par « jour de l'expiation ». Néanmoins, les racines *kpr* du mot « Kippour » sont traduites par « expiation ». « Jour de l'expiation » est donc une meilleure traduction de « Yom Kippour ».

17. Il est difficile de savoir exactement quand les textes mentionnés ont été écrits. La rédaction des trois lettres Johanniques est aujourd'hui généralement datée dans les années précédant l'an 100 apr. J.-C. Les propositions de datations varient entre les années 60 et 100 apr. J.-C. En comparaison, le 4ème livre des Macchabées était jusqu'à récemment considéré comme antérieur, mais de nouvelles propositions le classent désormais vers la fin du premier siècle, et possiblement au début du deuxième siècle apr. J.-C.

18. Dans les faits, le terme « sacrifice » dans l'Ancien Testament n'est pas du tout limité au sacrifice animal, ni même au rituel sacrificiel. Au contraire, en Nombres 7, des wagons couverts

avec les bœufs qui les tirent (7,3), de la vaisselle d'argent (7,13), une coupe d'or (7,14) et également des animaux pour l'offrande sacrificielle (7,15–17) sont l'un après l'autre similairement appelés « sacrifice » (7,19–83). Dans nos traditions de la Bible, néanmoins, ce fait révélateur n'est généralement pas reconnaissable. En effet, le mot hébreu ici utilisé « qorban », qui est le terme générique pour « sacrifice », est le plus souvent simplement traduit par « présents » ou « don ».

19. Le récit le plus ressemblant à celui de la multiplication des pains en Marc 6,30–44 et 8,1–9, est celui du Prophète Élisée, dans l'Ancien Testament, qui ordonne à son serviteur de partager 20 pains d'orge entre 100 personnes ; À la fin, il y a encore des restes (2 Rois 4,42–44). On retrouve des références à ce texte jusqu'à aujourd'hui dans le judaïsme, par exemple dans l'histoire hassidique du Rabbi Élimélekh de Lizhensk (au 18ème siècle). De plus, la multiplication des pains a certaines similarités avec la manne des Israélites (Exode 16) à laquelle se réfère plus tard, par exemple, la 2ème Apocalypse de Baruch 29,8.

20. Le mot « cœur » désigne ici la capacité d'atteindre la connaissance, conformément à la perception antique du corps humain (pour d'autres explications à ce sujet, voir p. 74).

21. L'histoire du christianisme primitif a également été durablement influencée par des célébrations autour de repas. Le christianisme était en effet un mouvement très diversifié qui s'étendait en de nombreux endroits. Cependant, jusqu'au 3ème ou 4ème siècle, les chrétiens se réunissaient en particulier pour des repas communautaires, et ils se considéraient comme une communauté de convives (selon Matthias Klinghardt, *Gemeinschaftsmahl und Mahlgemeinschaft. Soziologie und Liturgie frühchristlicher Mahlfeiern* (Repas communautaires et communauté de convives. Sociologie et liturgie des célébrations pran-

Notes

diales des premiers chrétiens), Tübingen, Basel : A. Francke Verlag, 1996).

22. Il est à noter sur le thème de la présence réelle que celui-ci est de nos jours expliqué et justifié de plusieurs manières. Dans l'Église catholique romaine, et dans quelques autres églises occidentales, on considère que Jésus Christ est « réellement présent », et que, lors de la célébration eucharistique, le pain et le vin sont réellement transformés en chair et sang de Jésus, sans perdre leurs caractéristiques physiques externes. Ce processus est appelé « transsubstantiation », et se produit lorsque le prêtre prononce les mots de l'institution. La Réforme a rejeté le concept de transsubstantiation. Dans ses écrits *Vom Abendmahl Christi, Bekenntnis* von 1528 (de la Cène du Christ, Confessions de 1528), Martin Luther resta cependant fermement attaché à la notion de présence réelle. Pour cela, il définit trois différents modes d'existence du Christ, à savoir un physique, un spirituel incompréhensible et un céleste. Il pouvait ainsi décrire le Christ comme un quasi principe créateur. En tant que tel, Christ est présent sous toutes les formes de la création.

23. « Es ist die schöpferische, anderen zugute kommende Hingabe, das schöpferische freie Sicht-Selbst-Hineinversetzen in andere, die in dieser Identifikation mit dem Brot und dem Wein Ausdruck findet. In dem in der Mahlfeier in Erinnerung an Christi Hingabe ausgeteilten Brot wird das Wesentliche, das Entscheidende, die Wahrheit der Person Christi konzentriert vergegenwärtigt ». Michael Welker, *Was geht vor beim Abendmahl ?* Gütersloh : Gütersloher Verlagshaus, 2005 (3ème édition), p. 97.

24. Un article est apparu là-dessus dans le journal religieux *Canada Lutheran* 23/8, p. 17.

Index

Index

Table des matières

Table des matières

www.ingramcontent.com/pod-product-compliance
Lightning Source LLC
Chambersburg PA
CBHW050818090426

42737CB00021B/3429